LE BOOT CAMP

VALÉRIE ORSONI

200 recettes

MARABOUT

Retrouvez Valérie Orsoni et la méthode LeBootCamp dans :

Photographies de Myriam Gauthier-Moreau.

Sommaire

Introduction

J'aime manger. Voire plus, j'adore bien manger !

Pendant des années, quand j'étais en surpoids, je me suis privée de tout ou presque. Pas de chocolat au lait, ça fait grossir. « Pas de banane, malheureuse ! C'est le fruit des dodues », m'a dit un jour mon médecin. Quant aux pâtes ou aux pommes de terre, elles avaient disparu de mes menus. Ai-je maigri ? Oui. Suis-je restée mince ? Non.

La solution à notre problème de poids passe par un programme de rééquilibrage alimentaire sain, sans privation – et qui va même plus loin – et qui titille nos papilles.

C'est pourquoi j'ai créé mon programme minceur et bien-être LeBootCamp. Pour que nous puissions toutes rester minces et en pleine forme, ou perdre les kilos en trop, à notre rythme et sans nous priver parce que « privation » rime trop souvent avec « obsession ». Et toute obsession alimentaire nous rend malheureuse ! C'est pour cela que vous allez découvrir des recettes gourmandes dans cet ouvrage : pour faire le plein d'énergie, perdre les kilos récalcitrants et découvrir de nouvelles saveurs. Toutes les recettes sont en totale adéquation avec mon approche minceur saine.

Mon programme complet, LeBootCamp, repose sur 4 piliers qui ont tous la même importance : nutrition gourmande, fitness facile, motivation et gestion du stress et du sommeil.

Pour vous accompagner encore plus loin, et suite à vos demandes, j'ai donc créé ou adapté 200 recettes. J'espère que vous aurez autant de plaisir à les déguster que moi à les concevoir !

Celles-ci sont adaptées aux 4 phases de mon programme minceur : DÉTOX, ATTAQUE, BOOSTER, ÉQUILIBRE.

Petit rappel sur les 4 phases du programme minceur LeBootCamp :

1. La phase DÉTOX : nettoyez votre corps

La phase Détox permet de démarrer rapidement et efficacement la perte de poids dès les premiers jours. D'une durée de deux semaines, cette première phase intègre le Top 10 des aliments antioxydants dans des menus équilibrés, conçus pour apporter au corps un maximum d'antioxydants, éliminer les toxines et apporter plus d'énergie. En parallèle, vous commencerez une activité physique simple mais efficace.

Résultats : les premiers kilos s'envolent vite et facilement, l'énergie est au rendez-vous, la peau retrouve son éclat et sa clarté.

Concept appris : la détoxification.

Nutrition : on apprend comment réduire le gluten, les grains qui en contiennent, la viande rouge, les produits laitiers de vache, l'alcool, le sucre et les produits raffinés.

2. La phase ATTAQUE : perdez vos kilos

La phase Attaque intègre au sein de menus équilibrés et variés de nouveaux goûts et aliments dans vos assiettes grâce à des recettes gourmandes. Vous maintiendrez chaque semaine une journée TurboDétox (JTD) pour favoriser l'élimination des nouvelles toxines et continuer de perdre du poids facilement. Cette seconde phase dure aussi longtemps que vous en avez besoin, jusqu'à ce que vous ayez perdu 75 % des kilos à éliminer. Vous allez mettre en place des habitudes de vie saines et apprendre comment équilibrer vos repas. Votre motivation sera renforcée, ce qui vous aidera à atteindre votre poids idéal.

Résultats : les kilos coriaces sont ciblés, attaqués et éliminés ; vous avez déjà perdu 75 % de vos kilos en trop, votre cellulite a été largement lissée, votre corps est tonique.

Concept appris : la charge glycémique et son impact sur la perte de poids.

Nutrition : aucun interdit. On privilégie les aliments à faible charge glycémique et on apprend à se concocter des repas qui impactent peu le taux de sucre dans le sang.

3. La phase BOOSTER : pour accélérer

Cette routine de 7 jours permet, comme son nom l'indique, d'accélérer votre amincissement. Elle sera mise en application plusieurs fois tout au long du programme. Vous répéterez un Booster chaque fois que vous atteindrez la fin d'un Benchmark*, et chaque fois que vous en ressentirez le besoin dans la phase Équilibre. Ce Booster consiste à supprimer la viande, les produits laitiers, la levure de boulanger, le gluten et l'alcool, afin de donner un vrai coup de main aux fonctions détoxifiantes du corps.

Résultats : un corps « nettoyé » en profondeur, plus apte à se débarrasser rapidement des kilos, et un ventre plat.

Concept appris : détox intense et implication des levures dans la prise de poids.

Nutrition : on favorise les produits marins, les fruits et légumes, les graines et grains sans gluten et les noix, mais le chocolat est autorisé.

4. La phase ÉQUILIBRE : pour ne jamais regagner

La phase au long cours. Vous apprenez à créer vos propres menus équilibrés lorsque vous faites face à des situations aussi variées que des invitations au restaurant, des fêtes, des soirées buffet, des voyages en famille ou professionnels, etc. Une fois que vous aurez perdu les derniers kilos, votre poids se stabilisera de lui-même grâce aux dernières astuces que je partagerai avec vous. L'activité physique sera devenue partie intégrante de votre vie au moment où vous vous attaquerez aux dernières zones à problèmes. Vous saurez comment éviter les erreurs nutritionnelles et les pièges des régimes miracles. Vous continuerez la journée de TurboDétox hebdomadaire.

Vous serez alors prête à poursuivre cette nouvelle hygiène de vie de manière indépendante et, point le plus important, vous ne reprendrez pas les kilos perdus !

Résultats : votre poids idéal est stable, votre énergie, au top. Vous aimez votre corps.

Concept appris : équilibre acido-basique pour accompagner un style de vie sain et ne pas reprendre un gramme.

Nutrition : aucun interdit. On privilégie les aliments permettant de remonter le pH du corps à 7,35.

La journée TurboDétox (JTD) : l'arme secrète pour booster l'énergie

La journée TurboDétox est une détoxification express concentrée sur une journée pour accélérer l'élimination des toxines et relancer la perte de poids. Entretenez le bénéfice de la phase Détox tout au long du programme LeBootCamp et conservez votre organisme purifié des toxines grâce à la journée TurboDétox.

Nutrition : pas de gluten, pas de produits laitiers, pas de viande, pas d'alcool, pas de sucre, pas de levure. On favorise les produits marins, les fruits et légumes, les graines et grains sans gluten, les noix. Le chocolat est là aussi autorisé.

Grands principes de base :

- Même sans interdits, il existe des aliments qui sont meilleurs pour notre santé et notre perte de poids que d'autres.
- Même en phase Détox ou Booster, un burger-frites n'a jamais rendu obèse. Si on s'écarte de la ligne directrice, on corrige au prochain repas, sans se punir, sans sauter le déjeuner, tout simplement en mangeant vraiment sainement.
- La nourriture n'est pas une ennemie.
- On fait la part belle au sarrasin, ma graine chouchou.
- On limite le gluten, le sucre et les produits raffinés.
- On privilégie les protéines animales marines et on limite la viande (surtout rouge).
- On privilégie les produits laitiers de brebis et de chèvre et on limite les produits laitiers de vache.
- On découvre les versions végétales du lait, des yaourts et autres spécialités laitières.
- On explore d'autres façons de cuisiner, sans blé, mais avec des grains sans gluten (maïs, teff, riz...), sachant que plus de 3 milliards de personnes sur terre n'utilisent pas le blé comme base de cuisine. Du coup, on limite le gluten sans se priver.

– On titille ses papilles en découvrant de nouveaux goûts, de nouvelles techniques de cuisson, de nouveaux assaisonnements.

– On se fait plaisir, car souvenez-vous : privation = obsession !

Sur ces bonnes paroles, je vous laisse découvrir mes petites recettes et vous souhaite de beaux et bons moments de cuisine !

N'oubliez pas de prendre vos chefs-d'œuvre en photo et de les poster sur Instagram en taggant @valerieorsoni et en utilisant les hashtags #LeBootCamp et #LaBonneCuisine

Valérie Orsoni
San Francisco
Novembre 2015

Détox

OBJECTIF DE CETTE PHASE :
assainir votre style de vie et nettoyer votre corps
pour perdre rapidement vos premiers kilos en trop

DANS LES FAITS :
le stress fait grossir ; l'accumulation de toxines
liées à notre style de vie et à notre alimentation
nous empêche de maigrir

Galette de sarrasin

2 galettes

10 min

3 min

Végétalien

Rapide

Facile

Sans gluten

Sans lactose

Fodmaps

Facile à préparer, et base de la méthode LeBootcamp, le régime des gourmandes, cette recette de crêpe de sarrasin ne contient pas de gluten ! Pour gagner du temps le matin, vous pouvez faire votre pâte la veille au soir. Conservez-la dans le réfrigérateur. Mangez cette galette en y étalant une petite lichette de miel de sarrasin, une cuillerée de confiture de fraises – celle qui a l'indice glycémique le plus bas – ou, si comme moi vous aimez le salé, avec un peu de margarine non hydrogénée et une tranche de jambon blanc. Associée à un fruit, elle constitue un petit déjeuner délicieux et complet qui vous calera jusqu'au repas de midi sans risque d'hypoglycémie.

Ingrédients

10 g de farine de sarrasin
30 g de farine à gâteau sans gluten
250 ml de lait d'amande
1 pincée de sel

Préparation

1. Battez tous les ingrédients au fouet dans un saladier jusqu'à obtention d'une pâte liquide homogène.
2. Faites chauffer la crêpière et versez-y à la louche la moitié de la pâte.
3. Laissez cuire 2 à 3 minutes, puis retournez la crêpe pour faire cuire l'autre côté.
4. Cuisez la seconde crêpe.

Astuce

Il est impératif que la poêle soit bien chaude !

1 pers.

5 min

15 min

Végétalien

Rapide

Facile

Sans gluten

Sans lactose

Fodmaps

Porridge sarrasin-cannelle

La version classique du porridge se fait avec des flocons d'avoine. Cassons les classiques avec du sarrasin pour le petit goût de noisette que ma graine préférée apporte, et un peu de cannelle pour la douceur de cette épice.

Ingrédients

1 tasse de lait de coco
60 à 80 g de fruits rouges ou de fruits frais de saison
¼ de tasse de kasha
¼ de c. à soupe de cannelle
½ c. à soupe de sucre de coco

Préparation

1. Faites chauffer le lait avec la cannelle et le sucre de coco à feu moyen.
2. Ajoutez le kasha de sarrasin et laissez cuire environ 10 minutes.
3. Une fois cuit (il doit être tendre), versez le porridge dans un bol, et ajoutez-y les fruits frais.

Astuce

Cette recette peut également être faite avec du lait de noisette, de chanvre, d'amande ou de coco.

4 tasses

1 nuit de repos
+ 3 min

Sans cuisson

Végétalien

Rapide

Facile

Sans gluten

Sans lactose

Fodmaps

Cru

Lait d'amande

Si vous souhaitez remplacer un peu de votre lait de vache par une version végétale ou si vous êtes intolérante au lactose, voici une recette à toujours avoir sous la main. Le lait d'amande est très facile à réaliser et ne contient aucun des additifs que les laits d'amande du commerce comportent en général.

Ingrédients

1 tasse d'amandes fraîches (non salées, grillées ou autre) avec la peau
3 tasses d'eau douce

Préparation

1. Couvrez les amandes avec de l'eau et laissez germer une nuit ou au moins 12 heures.
2. Rincez les amandes et placez-les dans un mixeur avec l'eau.
3. Mélangez à haute vitesse pendant 1 minute.
4. Filtrez dans un filtre à lait végétal (ou dans une petite passoire de maille).
5. Gardez la pulpe pour réaliser des cookies.

Le lait se conserve 4 jours dans le réfrigérateur, à couvert (avec un film).

Sobacha

4 pers.

15 min

Sans cuisson

Végétalien

Rapide

Facile

Sans gluten

Sans lactose

Fodmaps

Cru

Il y a deux façons de réaliser cette recette. Vous pouvez acheter des graines de sarrasin déjà torréfiées chez votre marchand de produits bio. En général, ces graines proviennent de Chine ou du Japon et ce sont les meilleures pour l'infusion. Appelées aussi « sarrasin des Tartares » mais souvent « kasha » ou « kosha », ces graines contiennent 80 à 200 fois plus de rutine, un antioxydant, que le sarrasin cultivé en Europe. Ou bien vous achetez des graines de sarrasin non torréfiées que vous faites griller dans une poêle sans matière grasse à feu doux, sans cesser de remuer. Attention : les graines doivent à peine colorer. Vous en aurez pour plusieurs jours.

Ingrédients

1 c. à café de graines de sarrasin grillées
1 tranche de citron (facultatif)

Préparation

1. Portez 1 tasse d'eau à ébullition.
2. Hors du feu, ajoutez les graines de sarrasin.
3. Laissez infuser 10 minutes.
4. Filtrez et laissez tiédir.
5. Ajoutez éventuellement un filet de jus de citron et dégustez, soit uniquement le matin, soit, comme votre coach, tout au long de la journée.

1 pers.

2 min

Sans cuisson

Végétalien
Rapide
Facile
Sans gluten
Sans lactose
Paléo
Cru

Boost bleu

Outre la fraise et la pomme, riches en vitamine C et autres antioxydants puissants, ce boost *contient des myrtilles, aux multiples vertus. Sa richesse en anthocyanes lui confère des vertus protectrices du système cardio-vasculaire. Mais ce n'est pas tout ! Les vitamines E et C et la provitamine A qu'elles renferment en font également une protectrice des cellules nerveuses et de nombreux organes. Encore une recette gourmande aux mille et un bénéfices !*

Ingrédients

1 grosse poignée de myrtilles, fraîches ou congelées
5 fraises fraîches ou congelées
1 pomme avec la peau
Quelques mûres (ou plus de myrtilles)

Préparation

1. Rincez et essuyez les fruits frais.
2. Mettez-les directement dans la centrifugeuse sans les peler.
3. Buvez immédiatement ce boost, car les antioxydants perdent de leur pouvoir très rapidement à l'air et à la lumière. Savourez !

Astuce

Si vous utilisez des fruits congelés, ne les passez pas dans la centrifugeuse, au risque de l'abîmer, mais ajoutez-les au jus des autres fruits frais et passez le tout au blender.

4 pers.

10 min

Sans cuisson

Végétarien
Rapide
Facile
Sans gluten
Cru

Smoothie fraise-banane

Un smoothie rafraîchissant qui allie l'acidité des fraises à la douceur de la banane. N'hésitez pas à remplacer le nectar d'agave par un peu de miel bio de votre choix, ou même du stevia.

Ingrédients

1 barquette de 500 g de fraises
1 banane
1 yaourt nature
1 c. à soupe de nectar d'agave
3 c. à café d'extrait de vanille

Préparation

1. Lavez et équeutez les fraises.
2. Mixez la banane, les fraises, le yaourt nature, le nectar d'agave et la vanille dans un blender.
3. Ajoutez des glaçons pour un effet rafraîchissant.

1 pers.

5 min

Sans cuisson

Végétalien

Rapide

Facile

Sans gluten

Sans lactose

Paléo

Cru

Boost détoxifiant

Le brocoli, au même titre que l'artichaut, a un puissant pouvoir détoxifiant grâce à ses flavonoïdes, et notamment le kaempférol. Il est préférable de les consommer légèrement cuits ou même crus, comme dans ce boost. *Le fenouil est dépuratif, mais il permet aussi de favoriser l'élimination des gaz. C'est donc véritablement l'ami du ventre plat.*

Ingrédients

100 g de brocoli
30 g de fenouil
1 carotte non pelée
Le jus de 1 citron jaune
1 c. à soupe de nectar d'agave

Préparation

1. Passez tous les ingrédients à la centrifugeuse.
2. Ajoutez le jus du citron et servez aussitôt.

1 pers.

5 min

Sans cuisson

Végétalien

Rapide

Facile

Sans gluten

Sans lactose

Paléo

Cru

Boost C

En plus de sa haute teneur en vitamine C, le kiwi est riche en fibres. Les 4 kiwis de ce délicieux boost *C vous apportent environ 10 g de fibres, soit près de 30 % de vos besoins quotidiens.*

Ingrédients

4 kiwis sans la peau (pas trop mûrs sinon ils ne passent pas bien à la centrifugeuse)

1 poire avec la peau

1 pomme avec la peau

Préparation

1. Pelez les kiwis puis passez tous les fruits dans la centrifugeuse.
2. Versez ce *boost* dans un verre et dégustez sans plus attendre.

2 pers.

10 min

Sans cuisson

Végétalien

Rapide

Facile

Sans gluten

Sans lactose

Paléo

Cru

Boost éclat de la peau

Avec plus de 95 % d'eau, le concombre est l'un des légumes les plus rafraîchissants. Il est de plus alcalinisant, c'est-à-dire qu'il aide le corps à se désacidifier. Associé à la menthe pour ses propriétés digestives et à l'ail pour ses effets bénéfiques sur la circulation sanguine, ce boost *éclat de la peau vous propose de détoxifier votre organisme, rendant votre peau plus éclatante, moins terne.*

Ingrédients

2 concombres
1 bouquet de feuilles de menthe fraîche
1 c. à soupe de piment d'espelette
1 petite gousse d'ail épluchée
5 glaçons
Sel

Préparation

1. Pelez et épépinez les concombres, puis coupez-les en gros tronçons.
2. Passez tous les ingrédients à la centrifugeuse.
3. Servez sans plus attendre.

500 ml

10 min

Sans cuisson

Végétalien
Rapide
Facile
Sans gluten
Sans lactose
Fodmaps
Cru

Lait de sarrasin aux amandes et dattes

Vous pouvez remplacer les amandes par des noisettes, des noix de Grenoble, des pignons de pin, des noix du Brésil ou de pécan. Les fruits oléagineux sont excellents puisqu'ils contiennent des bonnes graisses, essentielles à notre organisme.

Ingrédients

6 c. à soupe de sarrasin non grillé décortiqué et trempé une nuit dans de l'eau fraîche
Une vingtaine d'amandes trempées une nuit dans l'eau
2 dattes medjoul hachées
500 ml d'eau
3 ou 4 gouttes d'extrait de vanille

Préparation

1. Mettez la moitié de l'eau dans un blender.
2. Ajoutez les amandes, les dattes hachées et le sarrasin.
3. Mixez pendant 1 minute environ.
4. Ajoutez le reste de l'eau et la vanille, puis mixez de nouveau.
5. Passez au chinois fin et pressez bien pour récupérer le liquide.
6. Conservez la pulpe, qui peut servir dans une autre recette.
   Si nécessaire, sucrez avec un peu de stevia ou de nectar d'agave.

4 pers.

5 min

Sans cuisson

Végétalien

Rapide

Facile

Sans gluten

Sans lactose

Fodmaps

Paléo

Cru

Cocktail ACE

Le saviez-vous ? Le nom de ce cocktail à réaliser même en hiver provient de sa richesse en vitamines A, C et E. Tout est dit ! Et en anglais, ACE veut dire « AS », comme l'as de cœur.

Ingrédients

2 carottes avec la peau
1 poignée de feuilles d'épinard
1 citron
4 oranges
6 kiwis pelés et découpés en quatre

Préparation

1. Lavez les carottes et passez-les à la centrifugeuse avec les épinards.
2. Pressez le citron et les oranges.
3. Mixez ensemble le jus de carotte et d'agrumes.
4. Transvasez le mélange dans un blender et ajoutez les kiwis.
5. Mixez pendant 30 secondes et dégustez.

Thé glacé au citron

1 pers.

5 min

Sans cuisson

Végétalien

Rapide

Facile

Sans gluten

Sans lactose

Fodmaps

Paléo

Cru

La fameuse recette du thé glacé au citron, sans le sucre et les calories. À consommer à volonté en période estivale !

Ingrédients

2 sachets de thé noir type darjeeling ou english breakfast (déthéiné en fin d'après-midi afin d'éviter d'impacter votre sommeil)

1 citron

8 glaçons

Préparation

1. Faites infuser les sachets de thé dans 600 ml d'eau bouillante pendant 1 à 4 minutes selon la force désirée.
2. Ajoutez des rondelles de citron au thé infusé.
3. Laissez reposer au moins 15 minutes.
4. Servez frais avec les glaçons, du sucre type stevia ou un peu de nectar d'agave.

Beurre d'amande

1 petit déjeuner

10 min + 12 h de trempage

Sans cuisson

Végétalien

Facile

Sans gluten

Sans lactose

Fodmaps

Paléo

Cru

Ma recette maison du beurre d'amande. Vous pouvez également en trouver dans les magasins d'alimentation biologique ou naturelle.

Ingrédients

2 poignées d'amandes fraîches
Un peu d'eau ou de jus d'orange

Préparation

1. Mettez les amandes fraîches à tremper dans de l'eau la veille au soir.
2. Le lendemain, rincez les amandes à l'eau fraîche.
3. Éventuellement, enlevez la petite peau brune des amandes (ce qui donnera un beurre à la couleur beige clair par opposition au beige piqué de marron si vous conservez la peau. Le goût ne sera pas modifié fondamentalement).
4. Mettez 2 poignées d'amandes fraîches et 2 cuillères à soupe de jus d'orange dans un blender puissant.
5. Mixez jusqu'à obtention d'une pâte onctueuse.
6. Si nécessaire, ajoutez un tout petit peu de jus d'orange (si le mélange bloque dans le blender), mais pas trop sinon le beurre d'amande risque d'être trop liquide.

4 pers.

5 min

Sans cuisson

Végétalien

Rapide

Facile

Sans gluten

Sans lactose

Fodmaps

Paléo

Cru

Smoothie aux myrtilles

Les myrtilles sont gorgées d'antioxydants, dont la fameuse lutéine, qui augmente très efficacement la quantité de lipides (graisses) à la surface de la peau, améliorant la tolérance au soleil, notamment la protection contre les ultraviolets et la susceptibilité aux brûlures (coups de soleil). La lutéine joue aussi un rôle avéré dans la protection de nos yeux grâce à son impact sur le taux de pigmentation de l'œil.

Ingrédients

500 ml de lait d'amande ou autre lait végétal
2 bananes pelées
500 g de myrtilles fraîches ou congelées
2 c. à soupe de nectar d'agave
10 glaçons

Préparation

1. Mettez tous les ingrédients dans un blender.
2. Mixez pour réduire le tout en purée. Il ne vous reste plus qu'à savourer votre smoothie.

2 pers.

5 min

Sans cuisson

Végétalien

Rapide

Facile

Sans gluten

Sans lactose

Cru

Houmous

Voici une recette pleine de goût et très saine, idéale pour tremper des chips de pain pita ou pour remplacer le beurre sur des tartines de pain complet. Je conseille de toujours avoir cette préparation à portée de main pour répondre de manière saine aux petites fringales.

Ingrédients

1 petite boîte de pois chiches
Le jus de ½ citron
3 c. à soupe d'huile d'olive
½ c. à café de tahini ou tahiné (appelé aussi pâte ou crème de sésame)
1 gousse d'ail pelée
1 c. à soupe de cumin en poudre
Sel (mais peu car les pois chiches en conserve en contiennent déjà)

Préparation

1. Rincez les pois chiches pour éliminer une grande partie du sodium lié à la conservation.
2. Mixez tous les ingrédients ensemble jusqu'à obtention d'une purée sans grumeaux.

Certains préfèrent l'houmous moins fin. D'autres le préfèrent plus liquide ; il suffit pour cela d'ajouter un peu d'eau jusqu'à obtention de la consistance désirée.

Astuce

Vous pouvez ajouter 2 cuillères à café de paprika, ou encore quelques champignons de Paris.

Tortilla de poulet à l'avocat

1 pers.

10 min

5 min

Rapide

Facile

Sans gluten

Sans lactose

Fodmaps

Voici une recette qui fait toujours fureur à la maison lorsque je reçois des amis. Facile à réaliser, elle plaît aussi bien aux petits qu'aux grands. Idéale pour les apéros improvisés ou en petite entrée.

Ingrédients

1 tortilla sans gluten à base de riz ou de maïs (boutiques de produits bio)
L'équivalent de la paume de la main de blanc de poulet déjà cuit coupé en petits morceaux (un reste de poulet peut très bien faire l'affaire)
¼ d'avocat tranché
1 poignée de fromage de soja ou de riz, ou de mozzarella allégée
Huile d'olive

Préparation

1. Déposez la tortilla dans une poêle bien chaude et très légèrement graissée au pinceau de quelques gouttes d'huile d'olive.
2. Répartissez dessus le fromage, les morceaux de poulet et l'avocat.
3. Pliez la tortilla en deux, et faites-la chauffer jusqu'à ce que le fromage fonde.
4. Coupez des petites parts et servez immédiatement.

2 pers.

15 min

Sans cuisson

Végétalien
Rapide
Facile
Sans gluten
Sans lactose
Fodmaps
Cru

Sauce cocktail

Généralement servie avec des crevettes cuites décortiquées pour l'apéritif. Un grand classique aux États-Unis !

Ingrédients

6 c. à soupe de ketchup
2 c. à soupe de raifort
4 c. à soupe de jus de citron
Sel aromatisé au céleri
Tabasco

Préparation

1. Mélangez soigneusement le ketchup, le raifort et le jus de citron.
2. Ajoutez du sel au céleri et du Tabasco selon vos goûts (attention : quelques gouttes suffisent).
3. Mettez au frais avant de déguster.

2 pers.

15 min + 2 à 3 h
de réfrigération

1 h

Végétarien

Rapide

Facile

Sans gluten

Caviar d'aubergine à la feta

Un recette que vous pouvez déguster avec du pain pita complet, mais aussi en guise d'assaisonnement pour vos sandwiches à la place du beurre, par exemple, ou bien encore en dip pour tremper vos chips de maïs. Pensez également aux verrines !

Ingrédients

4 ou 5 grosses aubergines
200 g de feta
3 petites tomates bien mûres
120 ml d'huile d'olive
1 oignon émincé
Le jus de 1 à 2 citrons
2 c. à soupe de persil ciselé

Préparation

1. Piquez les aubergines et faites-les cuire au four 1 heure à 150 °C (th. 5).
2. Laissez-les refroidir puis raclez la chair avec une petite cuillère (ne prélevez surtout pas de peau, elle donnerait un goût très amer à la préparation).
3. Coupez la feta en petits morceaux et laissez-la égoutter quelques minutes.
4. Pelez et concassez les tomates puis faites-les dégorger.
5. Mélangez les tomates, la chair des aubergines, l'oignon, le jus des citrons et le persil.
6. Ajoutez doucement l'huile d'olive et passez le tout au blender.
7. Ajoutez la feta, puis réservez au frais 2 à 3 heures et dégustez.

Dip aux haricots blancs et edamame

Un grand bol (10 personnes)

10 min + 2 h de réfrigération

Sans cuisson

Végétalien

Facile

Sans gluten

Sans lactose

Cru

Pour changer du houmous ou du baba ganousch, voilà une version mixée très gourmande et pleine de fibres si bonnes pour notre transit. Idéal pour un apéritif qui sort de l'ordinaire.

Ingrédients

1 boîte de 400 g de haricots blancs en conserve
350 g d'edamame cuits
8 c. à soupe d'huile d'olive
½ tasse d'eau
2 c. à soupe de tahini
Le jus de 2 citrons
1 c. à café de paprika
1 c. à café de sel
5 tours de poivre
¼ de c. à café de curcuma
¼ de c. à café de cumin moulu

Préparation

1. Mélangez tous les ingrédients dans un blender jusqu'à consistance lisse (sachant que certaines personnes préfèrent une texture un peu grossière). Si tel est votre cas, ne versez que ¼ de tasse d'eau et donnez une impulsion sur un temps plus court.
2. Laissez refroidir pendant 2 heures environ pour le servir frais.

1 pers.

15 min

Sans cuisson

Rapide
Facile
Sans gluten
Sans lactose
Fodmaps
Paléo
Cru

Roulés de saumon à l'ananas

Découvrez cette association étonnante du saumon et de l'ananas. Bien qu'il ne soit pas un « brûle-graisses » comme on peut le lire dans les magazines féminins, l'ananas est cependant très riche en bonnes enzymes digestives ainsi qu'en vitamines, notamment la vitamine C.

Ingrédients

1 tranche d'ananas frais
1 tranche de saumon fumé
Des piques

Préparation

1. Découpez un ananas et taillez-le en tranches.
2. Retirez l'écorce et détaillez la chair de chaque tranche en 8 quartiers.
3. Enroulez chaque quartier dans un petit bout de saumon et maintenez avec une pique. C'est prêt !

2 pers.

30 min

Sans cuisson

Végétarien

Rapide

Facile

Sans gluten

Fodmaps

Cru

Mesclun au fromage de chèvre frais et à la courge butternut

J'ai decouvert la courge butternut lorsque je suis arrivée aux États-Unis en 2000. À l'époque, on ne la trouvait pas en France. J'en suis tombée amoureuse : goût, texture, facilité de préparation, c'est un légume idéal pour les bootcampeuses ! Maintenant qu'elle est cultivée en France, je vous laisse tester cette recette dont vous me direz des nouvelles !

Ingrédients

Pour la salade

2 poignées de mesclun rincées
250 g de courge butternut rôtie (déjà rôtie ou découpée en cubes puis brossée avec de l'huile de colza et cuite pendant 20 minutes à 150 °C – th. 5)
60 g de canneberges (cranberries)
125 g de noisettes grillées (déjà grillées ou rôties pendant 4 minutes à feu moyen)
125 g de fromage de chèvre frais

Pour la vinaigrette

1 c. à soupe de moutarde à l'ancienne
½ c. à soupe de vinaigre de vin rouge
2 c. à soupe d'huile de canola
Option : 4 petits kumquats, hachés le plus finement possible
Sel et poivre au goût

Préparation

1. Dans un petit bol, versez la moutarde à l'ancienne puis, lentement, ajoutez le vinaigre, le sel et le poivre et mélangez au fouet. Ajoutez les kumquats en cas d'utilisation, puis fouettez le tout tout en ajoutant l'huile. Si nécessaire, ajustez l'assaisonnement.
2. Dans un grand bol, mélangez les légumes avec la vinaigrette en veillant à ne pas mouiller la salade. Si vous n'avez pas besoin de toute la vinaigrette, vous pouvez garder le reste dans le réfrigérateur pour une utilisation future.
3. Dressez dans une grande assiette de service, en plaçant tout d'abord le mesclun, puis les dés de butternut, le fromage de chèvre, les noisettes et, enfin, les canneberges. Dégustez !

2 pers.

30 min

55 min

Végétalien
Rapide
Facile
Sans gluten
Sans lactose
Paléo

Tian de légumes

En entrée ou plat principal, voilà une recette simple à préparer qui vous fera faire le plein de bons légumes et de vitamines.

Ingrédients

2 tomates
1 poivron rouge
1 poivron vert
1 poivron jaune
1 aubergine
40 ml d'huile d'olive
2 gousses d'ail
Thym
Sel, poivre

Préparation

1. Coupez les poivrons en deux et égrenez-les.
2. Émincez tous les légumes.
3. Hachez les gousses d'ail et déposez-les au fond d'un plat à four huilé.
4. Disposez les légumes en les alternant et en les serrant bien.
5. Émiettez le thym sur le dessus. Salez, poivrez et arrosez d'huile d'olive.
6. Faites cuire ce tian au four 50 minutes à 200 °C (th. 6-7).
7. Ajoutez éventuellement du fromage à gratiner pour les 5 dernières minutes.

Préparation

Vous pouvez ajouter des aubergines et des courgettes tranchées finement pour une touche 100 % provençale !

Astuce

Se congèle très bien.

4 pers.

10 min

Sans cuisson

Végétalien

Rapide

Facile

Sans gluten

Sans lactose

Fodmaps

Paléo

Cru

Salade de laitue, figues et melon

Une recette fraîche très rapide à faire et pleine de bons antioxydants !

Ingrédients

1 laitue lavée
½ melon de Cavaillon frais (ou billes congelées)
8 figues fraîches
4 c. à soupe d'huile d'olive
2 c. à soupe de vinaigre balsamique
Ciboulette ciselée (facultatif)
Sel, poivre

Préparation

1. Lavez et séchez délicatement les figues puis détaillez-les en petits dés.
2. Coupez le melon en petits morceaux ou, mieux, prélevez des billes à l'aide d'une cuillère parisienne.
3. Mélangez les dés de figue et le melon avec la laitue coupée en lanières.
4. Arrosez d'huile et de vinaigre et mélangez délicatement pour éviter d'écraser les figues.
5. Salez, poivrez et parsemez éventuellement de ciboulette ciselée. Savourez sans plus attendre !

4 pers.

20 min

20 min

Végétarien

Facile

Sans gluten

Timbales de courgettes à la feta

Découvrez une autre façon de consommer des courgettes dans cette entrée originale. Une bonne façon de commencer votre repas en faisant le plein de fibres pour vous caler de manière saine.

Ingrédients

4 courgettes moyennes
50 g de farine de pois chiches ou de farine complète
100 g de feta
150 ml de crème fraîche allégée ou de crème de soja
1 c. à soupe de thym émietté
1 gousse d'ail écrasée en purée
2 c. à soupe de margarine non hydrogénée
Sel, poivre

Préparation

1. Préchauffez le four à 180 °C (th. 6).
2. Lavez les courgettes, ôtez les extrémités et râpez-les grossièrement dans une passoire. Salez, mélangez et laissez dégorger 10 minutes.
3. Égouttez soigneusement les courgettes, en les pressant bien, et versez-les dans un saladier.
4. Ajoutez la farine, la crème, le thym, le poivre, la purée d'ail et la feta en morceaux. Mélangez soigneusement.
5. Graissez 4 ramequins, répartissez-y la préparation et enfournez pour 20 minutes.
6. Dégustez ces timbales avec une salade de mâche.

4 pers.

10 min

Sans cuisson

Végétarien
Rapide
Facile
Sans gluten
Cru

Salade d'endives à la parisienne

Une entrée gourmande mais détox tout de même, ça existe, la preuve ! Malgré leur couleur presque blanche, les endives contiennent beaucoup de vitamine A ce qui en fait une alliée de notre peau.

Ingrédients

4 endives
60 g de bleu ou de roquefort (lait de brebis, pas de vache)
1 poire, pelée, coupée en petits cubes, recouverte avec du jus de citron pour éviter le brunissement
100 g de cerneaux de noix
Vinaigrette à l'ail

Préparation

1. Retirez les feuilles à l'extérieur des endives. Rincez-les et coupez en petites tranches épaisses.
2. Placez les tranches d'endives dans un plat de service grand et profond.
3. Versez dessus le fromage bleu, les cubes de poire et les cerneaux de noix.
4. Arrosez de vinaigrette à l'ail. Dégustez tout de suite.

4 pers.

30 min

Sans cuisson

Végétalien
Rapide
Facile
Sans gluten
Sans lactose
Paléo
Cru

Gaspacho pastèque-tomate

Voilà une recette qui, tout en vous désaltérant, saura vous donner bonne mine. La pastèque et la tomate sont aujourd'hui connues (et reconnues !) pour leur richesse exceptionnelle en lycopène, un antioxydant puissant, capable de lutter efficacement contre les radicaux libres et donc contre le vieillissement prématuré. Il jouerait ainsi un rôle dans la prévention de certains cancers, des maladies cardio-vasculaires et même du diabète. Alors ne vous en privez pas...

Ingrédients

3 verres de pastèque épépinée et réduite en purée au blender
1 verre de pastèque coupée en petits dés
1 verre de petits cubes de tomate (épépinée)
1 verre de concombre, pelé, épépiné et coupé en petits dés
½ poivron rouge ou vert coupé en petits dés
2 c. à soupe de jus de citron vert
1 petite poignée de coriandre fraîche ciselée
1 c. à café de gingembre frais émincé ou en poudre
½ petit jalapeño ou autre piment (facultatif)
1 petit oignon grelot avec 2 cm de la partie verte émincé (hors saison, pas de panique, rabattez-vous sur un petit oignon normal)
1 c. à café de sel marin, poivre

Préparation

1. Pour une présentation tout en contraste, avec le rouge et le vert, mélangez dans un grand saladier la pastèque en morceaux et en purée, les tomates, le concombre, le poivron, le jus de citron vert, la coriandre, le gingembre, éventuellement le piment, l'oignon et le sel.
2. Poivrez puis rectifiez l'assaisonnement en sel si nécessaire.
3. Conservez ce gaspacho au réfrigérateur jusqu'au moment de servir.

4 pers.

15 min

Sans cuisson

Végétalien
Rapide
Facile
Sans gluten
Sans lactose
Paléo
Cru

Salade de roquette, champignons et raisins

On ne peut pas concentrer dans une pilule tous les antioxydants présents dans les fruits et les légumes, il faut donc manger un peu de tout, et le plus souvent possible !

Ingrédients

1 sachet de salade de roquette
100 g de champignons de Paris émincés
50 g de raisins secs
2 c. à soupe de soyonnaise (mayonnaise de soja)
Huile de colza
Vinaigre balsamique
Sel, poivre

Préparation

1. Mettez tous les légumes et les raisins secs dans un grand saladier.
2. Mélangez la soyonnaise, le vinaigre et l'huile de colza pour en faire une vinaigrette. Salez et poivrez.
3. Mélangez.

4 pers.

10 min + 20 min de repos pour la sauce

Sans cuisson

Végétalien

Rapide

Facile

Sans gluten

Sans lactose

Cru

Salade aux trois choux, sauce légère à l'ail

Dans leur paquetage, en plus de la farine et du sel, les soldats romains avaient du chou, source de vitamine C. Le rôle que joue cette vitamine dans l'organisme va au-delà de ses propriétés antioxydantes. Elle contribue aussi à la santé des os, des dents et des gencives. Par ailleurs, elle favorise l'absorption du fer que renferment les végétaux, protège contre les infections et accélère la cicatrisation. La vitamine C est détruite au-dessus de 38 °C; il est donc préférable de consommer crus les aliments qui en contiennent.

Ingrédients

150 g de chou-fleur en petits bouquets
150 g de chou rouge émincé
150 g de chou vert émincé
150 g de tofu nature taillé en petits cubes
3 c. à soupe d'huile de colza
1 c. à soupe de vinaigre balsamique
1 c. à café d'estragon ciselé
1 gousse d'ail
½ citron (pour la décoration)
Sel, poivre

Préparation

1. Disposez dans les assiettes les bouquets de chou-fleur, le chou vert, le chou rouge et les dés de tofu.
2. Préparez la vinaigrette : écrasez au pilon la gousse d'ail dans un bol. Salez et poivrez. Ajoutez le vinaigre et mélangez bien.
3. Laissez reposer 20 minutes puis ajoutez l'huile en petit filet, en mélangeant vivement.
4. Ajoutez 2 cuillères à soupe d'eau tiède et fouettez énergiquement pour que la sauce monte bien. Incorporez l'estragon.
5. Versez la sauce sur la salade et mélangez.

1 pers.

10 min

Sans cuisson

Végétarien

Rapide

Facile

Sans gluten

Cru

Salade libanaise

Un petit goût de Moyen-Orient pour un plat léger et plein d'antioxydants. Le concombre est aussi votre allié pour maintenir l'équilibre acido-basique de votre corps à un niveau optimum.

Ingrédients

1 tomate
1 concombre perse ou 1 tronçon de 4 cm de concombre classique
8 olives noires dénoyautées
2 c. à café de pignons de pin
1 c. à café de vinaigre de vin rouge
1 c. à soupe d'huile végétale
Quelques cubes de feta
Sel, poivre

Préparation

1. Rincez et séchez la tomate et le concombre.
2. Coupez-les grossièrement dans un petit saladier. Ajoutez les olives, les pignons et les cubes de feta.
3. Assaisonnez avec l'huile d'olive, le vinaigre, le poivre et le sel. Dégustez.

Astuce

Pour varier les plaisirs, vous pouvez ajouter des cubes de feta.

Soupe de pois chiches et tomates

4 pers.

5 min

20 min

Rapide
Facile
Sans gluten
Sans lactose
Paléo

Une soupe chaude originale, riche en fibres et complète, qui peut convenir en plat principal, accompagnée d'une tranche de pain complet par exemple.

Ingrédients

2 poireaux lavés et émincés
2 courgettes détaillées en cubes
1 boîte de pois chiches, rincés 3 fois
400 g de tomates concassées
200 g d'épinards frais ou surgelés
1 litre de bouillon de poule
2 c. à soupe d'huile d'olive
2 gousses d'ail
Sel (avec modération car le bouillon en contient déjà), poivre

Préparation

1. Faites chauffer l'huile dans un petit faitout.
2. Ajoutez les poireaux et les cubes de courgette. Faites-les revenir 5 minutes, en remuant souvent.
3. Ajoutez les gousses d'ail pressées, les tomates concassées, les pois chiches et le bouillon de poule.
4. Faites cuire à feu moyen durant 10 minutes.
5. Coupez grossièrement les épinards et ajoutez-les à la soupe.
6. Poivrez. Laissez cuire encore 3 minutes. Rectifiez l'assaisonnement en sel si nécessaire. Servez chaud, avec un peu de parmesan pour une version plus riche.

Sushis de concombre au crabe

1 pers.

30 min

Sans cuisson

Rapide

Sans gluten

Sans lactose

Paléo

Cru

Une très jolie entrée pour impressionner vos convives avec peu de calories ! Multipliez les quantités en fonction du nombre de convives.

Ingrédients

1 boîte de miettes de crabe (100 g environ) égouttées
2 concombres perses ou ½ concombre classique
Quelques brins de ciboulette
1 gousse d'ail hachée ou 1 c. à café d'ail en poudre
Soyonnaise (mayonnaise de soja)
Coriandre fraîche (facultatif)
Sel, poivre

Préparation

1. Pelez les concombres et coupez-les en tronçons de 2 cm environ.
2. Creusez-les à la petite cuillère pour éliminer les pépins. Réservez.
3. Mettez le crabe égoutté dans un bol.
4. Ajoutez la soyonnaise, l'ail, la ciboulette ciselée, du poivre et du sel si nécessaire.
5. Mélangez bien et farcissez les tronçons de concombre de cet appareil.
6. Disposez-les sur une assiette et décorez éventuellement de coriandre fraîche.

Sandwich saumon, tomate et avocat

1 pers.

15 min

Sans cuisson

Rapide

Facile

Sans gluten

Sans lactose

Cru

Ce sandwich complet est idéal si vous devez prendre votre repas « sur le pouce » au bureau, sur la route ou en vacances, afin d'éviter les sandwichs tout prêts du commerce et les fast-foods beaucoup trop gras !

Ingrédients

2 tranches de pain sans gluten
2 tranches d'avocat
Un peu de saumon en boîte
2 à 4 tranches de tomate (égouttées pour éviter de transformer le sandwich en bouillie au bout de 2 heures)
1 c. à soupe de soyonnaise (mayonnaise au soja)
Sel, poivre

Préparation

1. Toastez le pain. Badigeonnez l'intérieur des sandwichs de soyonnaise.
2. Égouttez le saumon en boîte et étalez-en un peu dans les sandwichs.
3. Ajoutez les tranches de tomate et d'avocat.
4. Salez légèrement et poivrez. Bon appétit !

1 pers.

2 min

3 min

Rapide

Facile

Sans gluten

Sans lactose

Fodmaps

Tortilla avocat-saumon

Le saumon apporte des graisses « saines » (oméga-3) qui contribuent à faire baisser le taux de cholestérol LDL (ce que nous appelons le « mauvais cholestérol »). C'est une de mes recettes préférées que je partage ici avec vous. J'en mange au moins une fois par semaine. Un petit péché mignon qui ne fait pas basculer la balance du mauvais côté.

Ingrédients

1 tortilla au maïs
½ avocat bien mûr
Saumon fumé
1 c. à soupe de soyonnaise (mayonnaise au soja)
Le jus de 1 citron (facultatif)
Sel

Préparation

1. Faites chauffer la tortilla dans une poêle chaude pendant 2 minutes puis déposez-la sur une assiette.
2. Étalez la soyonnaise dessus et ajoutez des petits bouts d'avocat, éventuellement quelques gouttes de jus de citron, puis des petits morceaux de saumon fumé.
3. Pliez la tortilla en deux et faites-la chauffer encore 30 secondes. Savourez.

Salade niçoise

4 pers.

10 min

8 min

Rapide

Facile

Sans gluten

Sans lactose

Paléo

Une délicieuse salade rafraîchissante. Un grand classique que vous pouvez adapter à votre guise en remplaçant, par exemple, le poivron vert par des haricots verts, les tomates par des tomates cerises, etc.

Ingrédients

4 tomates
4 œufs
1 petit poivron vert
200 g de thon au naturel
4 filets d'anchois
8 à 10 radis
2 petits oignons
Quelques olives noires
Quelques feuilles de basilic
Vinaigre de vin rouge
Huile d'olive
Sel, poivre

Préparation

1. Faites cuire les œufs dans l'eau bouillante pendant 8 minutes après ébullition. Faites-les refroidir et écalez-les.
2. Coupez les oignons, les tomates, le poivron, les radis, et émiettez le thon bien égoutté. Mélangez le tout.
3. Ajoutez les filets d'anchois, les olives, les œufs durs tranchés et le basilic ciselé.
4. Préparez une vinaigrette et assaisonnez la salade. Bon appétit!

1 pers.

30 min

Sans cuisson

Rapide
Facile
Sans gluten
Sans lactose
Fodmaps
Paléo
Cru

Timbales crabe-avocat

Pour cette recette, vous aurez besoin d'un cercle de cuisine en métal assez haut. Sinon, vous pouvez l'assembler « comme ça », mais vous n'aurez pas l'effet « grand resto à la maison ».

Ingrédients

1 tomate
1 petite boîte de crabe émietté
½ avocat émincé, arrosé de 1 c. à soupe de jus de citron pour éviter qu'il ne noircisse
Le jus de 1 citron vert
1 c. à soupe d'huile d'olive
1 pincée de basilic séché
Sel selon vos goûts

Préparation

1. Découpez la tomate en dés. Faites-la mariner pendant 10 minutes dans l'huile d'olive, le jus de citron et le basilic. Égouttez bien.
2. Posez le cercle en métal au centre d'une assiette et disposez la tomate au fond. Pressez bien.
3. Ajoutez les miettes de crabe, puis l'émincé d'avocat.
4. Pressez bien et démoulez.
5. Pour décorer, laissez libre cours à votre imagination. Bon appétit !

2 pers.

5 min

30 min

Rapide

Facile

Sans lactose

Fodmaps

Chicken noodle soup

Aux États-Unis, quand on est malade, on mange de la chicken soup, *une soupe à base de bouillon de poule auquel on ajoute des petits légumes et des pâtes. En quelques années, c'est vite devenu une de mes soupes favorites, qui réchauffe et remet d'aplomb en quelques minutes.*

Ingrédients

1 carotte pelée et détaillée en petits cubes
1 côte de céleri détaillé en petits morceaux
175 g de vermicelles ou de nouilles (du riz peut tout aussi bien faire l'affaire)
2 blancs de poulet détaillés en petits morceaux
1 litre de bouillon de poule
Poivre

Préparation

1. Versez le bouillon de poule dans une casserole et portez à ébullition.
2. Ajoutez la carotte, le céleri et le poulet, et laissez cuire à petit feu jusqu'à ce que les légumes et le poulet soient cuits.
3. 10 minutes avant la fin de la cuisson, versez les vermicelles.
4. Dès que les vermicelles sont cuits, retirez du feu et servez dans des assiettes creuses.

4 pers.

5 min

40 min

Rapide

Facile

Sans gluten

Sans lactose

Paléo

Pilons de poulet aux oignons

Un régal très simple à préparer. Idéal pour un buffet ou pour faire plaisir aux enfants. Prévoyez des sauces variées (et légères) pour tremper le poulet !

Ingrédients

8 pilons de poulet
4 gros oignons
1 c. à café de gingembre
2 c. à soupe d'huile d'olive
1 c. à soupe de sucre
Sel, poivre

Préparation

1. Épluchez les oignons et émincez-les.
2. Faites-les revenir à feu doux dans une sauteuse avec un peu d'huile d'olive et les épices. (Confire des oignons prend du temps, et augmenter le feu n'accélérera pas le processus chimique nécessaire, cela fera juste brûler les oignons !)
3. Dès que les oignons commencent à attacher, ajoutez un peu d'eau. Remuez régulièrement et ajoutez de l'eau au fur et à mesure, pour les laisser progressivement caraméliser. Ajoutez 1 cuillère à soupe de sucre après 10 minutes de cuisson.
4. Faites revenir les pilons de poulet dans une seconde sauteuse, avec 1 cuillère à soupe d'huile d'olive. Puis, comme pour les oignons, ajoutez de l'eau si nécessaire au fil de la cuisson.
5. Salez, poivrez, couvrez, et laissez cuire environ 20 minutes.
6. Lorsque les oignons sont confits, réservez-les.
7. Au terme de la cuisson du poulet, présentez 2 pilons dans chaque assiette, accompagnés d'oignons confits. Dégustez bien chaud !

2 pers.

5 min

20 min

Végétalien

Rapide

Facile

Sans gluten

Sans lactose

Cœurs d'artichaut farcis

Une nouvelle façon de farcir les légumes, sans viande et avec des champignons. Un vrai régal !

Ingrédients

8 cœurs d'artichaut surgelés
300 g de champignons
2 gousses d'ail
1 échalote
1 biscotte sans gluten
Quelques brins de persil
Sel, poivre

Préparation

1. Faites cuire les cœurs d'artichaut dans l'eau salée.
2. Émincez les champignons et l'échalote ; hachez l'ail.
3. Mettez-les à étuver dans une poêle puis passez-les au mixeur avec le persil.
4. Garnissez les cœurs d'artichaut du mélange de champignons.
5. Émiettez la biscotte sur les artichauts farcis et servez.

Mini-tartelettes à la tomate

6 pers.

10 min

20 min

Végétarien

Rapide

Facile

Ces tartelettes peuvent être servies avec un peu de tapenade à l'apéritif ou en accompagnement d'une salade pour un dîner léger.

Ingrédients

1 pate brisée, sans gluten si possible
Moutarde
3 tomates
Fromage râpé de brebis ou de chèvre
Huile d'olive
2 c. à soupe de moutarde de Dijon
Thym (facultatif)
Tapenade (facultatif)
Sel, poivre

Préparation

1. Étalez la pâte et découpez-y des disques avec un verre ou un emporte-pièce rond.
2. Disposez ces disques de pâte sur une plaque de cuisson. Badigeonnez-les de moutarde.
3. Préchauffez le four à 180 °C (th. 6).
4. Rincez et essuyez les tomates. Détaillez-les en fines tranches et disposez 1 tranche sur chaque disque de pâte. Salez, poivrez.
5. Recouvrez d'un peu de fromage, et éventuellement de thym et de tapenade, puis d'un filet d'huile d'olive. Salez et poivrez.
6. Faites cuire les tartelettes pendant 20 minutes, ou jusqu'à ce que le fromage soit fondu et doré.

4 pers.

15 min

Sans cuisson

Végétalien

Rapide

Facile

Sans gluten

Sans lactose

Cru

Salade frisée aux flocons d'avoine

Découvrez une autre façon de consommer des flocons d'avoine dans cette salade rafraîchissante. Pour commencer votre repas en faisant le plein de fibres et vous caler de manière saine !

Ingrédients

1 sachet de salade frisée
10 tomates cerises
1 c. à soupe de pignons de pin
1 c. à soupe de flocons d'avoine
1 échalote finement ciselée
1 c. à café de ciboulette ciselée
1 vinaigrette à base de soyonnaise (soyonnaise + 1 c. à soupe de moutarde + 2 c. à soupe de vinaigre + 1 c. à soupe d'huile d'olive + 2 c. à soupe d'eau, sel et poivre. Passez la vinaigrette au mixeur pour obtenir un mélange homogène.)

Préparation

1. Déposez la salade dans un grand saladier.
2. Rincez les tomates et coupez-les en deux.
3. Ajoutez-les à la frisée.
4. Parsemez de pignons, de flocons d'avoine, de l'échalote et de la ciboulette.
5. Versez la vinaigrette sur la frisée. Mélangez bien et réservez au frais jusqu'au moment de servir.

Tarte Tatin aux aubergines

6 pers.

1 h

1 h

Végétalien

Facile

Sans lactose

La recette préférée des bootcampeuses, toutes categories ! Une des miennes aussi, car elle est tellement bonne que perdre du poids devient un pur plaisir !

Ingrédients

2 ou 3 belles aubergines
50 g de pignons de pin
220 g de pâte feuilletée ou brisée, sans gluten si possible
1 gousse d'ail
Le jus de ½ citron
6 tomates séchées
Quelques brins de romarin ou de thym
4 c. à soupe d'huile d'olive
1 c. à soupe de sucre en poudre
Gros sel, poivre

Préparation

1. Lavez et coupez les aubergines en tranches de 1 cm d'épaisseur.
2. Saupoudrez-les de gros sel et laissez-les dégorger environ 30 minutes. Puis retirez l'excédent de sel et séchez chaque tranche.
3. Pelez, dégermez et hachez l'ail.
4. Faites revenir doucement les tranches d'aubergine à la poêle, dans l'huile d'olive avec l'ail, le jus de citron et du poivre. Laissez tiédir les tranches légèrement dorées.
5. Préchauffez le four à 180 °C (th. 6).
6. Coupez les tomates séchées et hachez le romarin.
7. Grillez les pignons à la poêle.
8. Huilez le fond d'un moule à tarte puis saupoudrez-le de sucre.
9. Parsemez-le de pignons, de romarin et de tomates séchées.
10. Enfin, ajoutez les tranches d'aubergine, en les faisant se chevaucher.
11. Couvrez de la pâte et piquez le dessus à la fourchette.
12. Enfournez jusqu'à ce que la pâte soit joliment dorée (entre 20 et 30 minutes).
13. Démoulez à la dernière minute afin que la pâte reste bien croustillante.

Spaghettis Rossini

4 pers.

30 min

45 min

Végétalien

Rapide

Facile

Sans gluten

Sans lactose

Laissez-vous surprendre par le délicat parfum de l'aubergine dans cette sauce tomate maison. Déclinez cette recette à l'infini : poivron jaune, rouge, courgettes, aubergine blanche, etc.

Ingrédients

200 g de spaghettis sans gluten
1 aubergine
100 g de champignons
1 boîte de sauce tomate
1 oignon
1 gousse d'ail écrasée
Huile d'olive
Herbes de Provence
Sel, poivre

Préparation

1. Faites cuire les spaghettis dans un grand volume d'eau bouillante salée. Égouttez-les et réservez-les.
2. Pendant ce temps, faites revenir l'oignon émincé et l'ail dans un faitout avec un peu d'huile d'olive 10 minutes à feu doux.
3. Lavez, séchez l'aubergine puis détaillez-la en petits cubes et ajoutez-les aux oignons.
4. Quand l'aubergine est quasi cuite, ajoutez la sauce tomate et laissez mijoter environ 15 minutes. Salez, poivrez et ajoutez les herbes de Provence.
5. Ajoutez les spaghettis dans le faitout. Mélangez bien et laissez mijoter encore quelques instants afin que les pâtes prennent le goût de la sauce.
6. Dégustez bien chaud, avec un peu de parmesan.

4 pers.

5 min

30 min

Végétalien
Rapide
Facile
Sans gluten
Sans lactose

Riz à l'orientale

Voilà une autre façon de manger du riz, avec un petit goût de là-bas grâce au cumin, et les papilles titillées par les différentes épices et herbes aromatiques ! Accompagnez ce plat de légumes grillés et de légumineuses (lentilles, pois chiches), et vous aurez un repas végétarien complet, offrant un bel apport protéinique.

Ingrédients

250 g de riz complet
50 g de raisins secs
1 c. à café de margarine non hydrogénée
1 c. à café d'huile d'olive
½ oignon haché grossièrement
1 c. à café de paprika
1 c. à café de cumin
½ c. à café de piment de Cayenne (facultatif)
1 cube de bouillon de volaille ou de légumes
Quelques brins de coriandre hachés
Amandes effilées
Sel, poivre

Préparation

1. Faites revenir l'oignon haché avec l'huile et la margarine dans une casserole antiadhésive. Laissez cuire durant 3 à 4 minutes, jusqu'à ce que l'oignon devienne translucide.
2. Ajoutez le paprika, le cumin, les raisins secs et, éventuellement, le piment de Cayenne, puis mélangez. Retirez du feu.
3. Dans une autre casserole, faites cuire le riz dans le bouillon de volaille selon les instructions portées sur le paquet.
4. Lorsque le riz est cuit, égouttez-le et ajoutez-le à l'oignon. Mélangez bien.
5. Remettez sur le feu quelques minutes afin que le riz prenne le goût des épices. Servez bien chaud, avec les amandes effilées et la coriandre hachée.

Tourte aux légumes grillés

6 pers.

10 min

20 min

Végétarien

Rapide

Facile

Sans lactose

Une tourte méditerranéenne végétarienne. À déguster chaude ou froide, été comme hiver...

Ingrédients

1 pâte feuilletée sans gluten si possible
1 aubergine coupée en tranches et grillée
1 courgette coupée en tranches et grillée
1 poivron rouge grillé en lamelles
1 poignée d'épinards cuits et égouttés
2 c. à soupe de tapenade noire
2 c. à café d'huile d'olive
1 jaune d'œuf battu
Sel, poivre

Préparation

1. Préchauffez le four à 180 °C (th. 6).
2. Beurrez un plat à cake et garnissez-le de pâte feuilletée, en laissant bien déborder la pâte de chaque côté pour pouvoir en recouvrir la tourte. N'oubliez pas de la piquer avec une fourchette.
3. Faites des couches de légumes grillés, d'épinards et de tapenade jusqu'à épuisement des ingrédients, sans oublier de poivrer, de saler et de napper chaque couche d'un peu d'huile d'olive.
4. Fermez complètement la tourte en rabattant la pâte feuilletée. Faites un trou au milieu avec un couteau, et badigeonnez de jaune d'œuf battu au pinceau.
5. Enfournez pour 20 minutes, ou jusqu'à ce que le dessus soit bien doré.
6. Laissez la tourte refroidir avant de la démouler. Découpez-la en tranches et servez sur un lit de mâche.

Tarte à la tomate et aux portobellos

6 pers.

30 min

40 min

Végétarien

Rapide

Facile

Sans gluten

Paléo

Le portobello est le plus gros de tous les champignons domestiques. C'est une bonne source de sélénium et de vitamines B2 et B3.

Ingrédients

1 pâte feuilletée ou brisée (sans gluten de préférence)
2 beaux champignons portobellos ou 500 g de champignons de Paris
2 tomates coupées en tranches
1 gousse d'ail hachée
2 brins de thym
1 feuille de laurier
2 c. à soupe d'huile d'olive
Fromage (pâte dure) de brebis ou de chèvre (ou fromage de soja ou de riz)
Sel, poivre

Préparation

1. Garnissez un moule à tarte avec la pâte.
2. Essuyez les champignons avec du papier absorbant, puis coupez-les en tranches.
3. Versez l'huile d'olive dans une casserole et ajoutez l'ail et les champignons.
4. Remuez puis ajoutez le thym et le laurier. Salez, poivrez et faites cuire quelques minutes à couvert, le temps que les champignons deviennent tendres. Puis retirez le couvercle et poursuivez la cuisson jusqu'à ce que tout le liquide s'évapore (ôtez la feuille de laurier et les brins de thym).
5. Préchauffez le four à 180 °C (th. 6).
6. Étalez un peu de fromage sur la pâte. Répartissez les champignons et les tranches de tomate. Parsemez du reste de fromage.
7. Enfournez pour 20 à 30 minutes.
8. Dégustez cette tarte bien chaude, avec une salade de votre choix.

Soupe de carottes et champignons au sarrasin

4 pers.

15 min

30 min

Végétalien

Facile

Rapide

Sans gluten

Sans lactose

Une soupe chaude délicate inspirée des mets asiatiques. Pour varier, vous pouvez également conserver les légumes dans le bouillon sans les mixer et présenter cette soupe en entrée dans de petits bols chinois.

Ingrédients

1,5 litre de bouillon de volaille ou de légumes
4 grosses carottes épluchées et coupées en rondelles
4 champignons de Paris émincés
100 g de graines de sarrasin
1 oignon paille émincé
1 gousse d'ail écrasée
2 cm de racine de gingembre
1 petit bouquet garni
Huile d'olive ou margarine non hydrogénée
Sel, poivre du moulin

Préparation

1. Couvrez les carottes de bouillon dans une casserole et portez à ébullition. Salez, poivrez, ajoutez le bouquet garni, couvrez et baissez le feu jusqu'au petit bouillon.
2. Pendant ce temps, faites revenir l'oignon et l'ail dans un peu d'huile ou de margarine. À coloration, ajoutez les champignons. Mélangez puis versez le tout dans la casserole des carottes. Ajoutez le sarrasin en grains.
3. Faites bouillir 10 minutes.
4. Enlevez le bouquet garni et mixez au mixeur plongeur.
5. Râpez le gingembre au-dessus de la soupe. Dégustez !

10 pers.

30 min + 1 h de réfrigération

Sans cuisson

Végétalien

Sans gluten

Sans lactose

Fodmaps

Paléo

Cru

Cheesecake citron-noix de cajou

Qui n'aime pas le cheesecake? Cependant, il est chargé en lipides et en graisses saturées mauvaises pour notre santé. Voici une petite variante bien meilleure pour la santé. Attention! Ce gâteau reste calorique, alors on le déguste avec modération. À base de noix de cajou, excellentes pour le cœur, cette recette vous apportera du phosphore pour votre mémoire, mais aussi des vitamines B9 et E que vous savez excellentes pour la peau, mais aussi pour lutter contre les agressions extérieures et nous protéger de l'action négative des radicaux libres.

Ingrédients

Pour le fond de pâte

500 g d'amandes (avec la peau brune)

65 g de dattes dénoyautées grossièrement hachées

¼ de c. à café d'extrait de vanille

⅛ de c. à café de sel

Pour la garniture

750 g de noix de cajou trempées dans l'eau 4 heures minimum et grossièrement concassées

375 g de lait d'amande, ou de soja, de noix de coco ou de noisettes

Le jus de 1 citron

200 g de nectar d'agave

1 c. à café d'extrait de vanille

2 pincées de sel

3 c. à soupe de lécithine de soja (magasin bio)

200 g de beurre de noix de coco nature (liquéfié en mettant le pot fermé sous l'eau chaude ou au soleil)

Préparation

1. Mettez les amandes, la vanille et le sel dans le bol de votre mixeur et réduisez-les en poudre.
2. Tout en mixant, ajoutez les dattes et mixez jusqu'à ce que se forme une boule de pâte.
3. Étalez cette pâte dans un moule à cheesecake à fond amovible graissé de beurre de noix de coco.
4. Préparez la garniture en mélangeant les noix de cajou, le lait d'amande, le jus de citron, le nectar d'agave, la vanille et le sel.
5. Puis incorporez soigneusement la lécithine et le beurre de noix de coco jusqu'à obtenir un mélange homogène.
6. Versez cette préparation sur le fond de pâte et faites prendre au frais pendant 1 heure ou jusqu'à ce que le gâteau soit complètement ferme.
7. Démoulez délicatement le cheesecake et servez les parts garnies de 1 tranche de citron.

Tarte ananas-noix de coco

6 pers.

10 min

45 min

Végétalien

Facile

Sans gluten

Sans lactose

Fodmaps

Pour un dessert qui ravira petits et grands, essayez cette tarte à l'ananas et à la noix de coco au goût aussi exotique que raffiné.

Ingrédients

1 pâte brisée à la farine complète ou sans gluten (ou une pâte classique toute faite si vous n'avez pas le temps)
1 gros ananas frais
50 g de noix de coco râpée
1 sachet de sucre vanillé
½ c. à café de gingembre en poudre (facultatif)
2 c. à soupe rase de sucre roux
2 c. à café d'extrait de vanille
15 g de margarine non hydrogénée

Préparation

1. Faites préchauffer le four à 180 °C (th. 6).
2. Étalez la pâte dans un moule à tarte.
3. Épluchez l'ananas, retirez le cœur et coupez-le en 10 tranches. Faites fondre la margarine dans une poêle et faites-y revenir 8 tranches d'ananas.
4. Saupoudrez de sucre vanillé et laissez caraméliser quelques minutes en retournant souvent les tranches d'ananas.
5. Mettez le reste de l'ananas dans un mixeur avec l'extrait de vanille, le sucre, la noix de coco râpée et le gingembre. Mixez jusqu'à obtenir un mélange homogène.
6. Versez le tout dans une casserole et laissez réduire pendant quelques minutes pour que cette compote d'ananas épaississe un peu. Nappez-en la pâte à tarte.
7. Disposez les tranches d'ananas caramélisées au-dessus.
8. Enfournez pour 35 minutes environ.
9. Laissez refroidir et saupoudrez la tarte de noix de coco râpée.

Compote de rhubarbe aux fraises

4 pers.

20 min

30 min

Végétalien
Rapide
Facile
Sans gluten
Sans lactose
Fodmaps

La rhubarbe est à la base un légume, mais on la consomme comme un fruit. Attention ! On ne mange que les tiges, car les feuilles contiennent de l'acide oxalique, nocif. La rhubarbe est riche en fibres, calcium et vitamine K. Pour l'anecdote, le sarrasin appartient à la même famille de plantes que la rhubarbe.

Ingrédients

800 g de tiges de rhubarbe
200 g de fraises
50 g de sucre en poudre bio ou de stevia

Préparation

1. Équeutez les fraises et coupez-les en morceaux.
2. Pelez la rhubarbe et coupez-la en petits tronçons. Faites cuire les morceaux de rhubarbe avec le sucre dans une casserole.
3. Dès que la rhubarbe fond, ajoutez les fraises. Laissez mijoter encore 10 minutes. Si vous souhaitez un goût plus sucré, ajoutez le produit sucrant de votre choix.
4. Mettez la compote au réfrigérateur dès qu'elle aura refroidi.

Pudding chocolat noix de coco

12 petites verrines

15 min

20 min

Végétalien

Rapide

Sans gluten

Sans lactose

Fodmaps

Une de mes recettes de dessert préférées ! Facile à faire, même par les enfants, ces petites crèmes sont le dessert détox gourmand par excellence.

Ingrédients

Pour le pudding au chocolat

80 g de sucre brun

125 g de poudre de cacao sans sucre

60 g de fécule de maïs (Maïzena®)

3 tasses de lait de coco ou de lait d'amande (ordinaire ou à la vanille)

4 c. à soupe de margarine non hydrogénée

1 c. à café d'extrait de vanille

Pour la crème fouettée noix de coco

1 boîte de lait de coco non allégée, placée dans le réfrigérateur 2 jours avant

2 c. à soupe de sucre de coco (ou si dur à trouver, de sucre brun)

1 c. à café d'extrait de vanille

1 pincée de sel de mer

Préparation

1. Placez un grand bol dans le réfrigérateur. Vous l'utiliserez plus tard pour la crème fouettée.
2. Dans un autre grand bol, à mixeur, versez le sucre, la poudre de cacao, la fécule. Fouettez et ajoutez lentement le lait, en fouettant jusqu'à ce que la texture soit lisse.
3. Chauffez à feu doux-moyen, en remuant constamment jusqu'à ce que le pudding épaississe.
4. Ajoutez la margarine et la vanille. Mélangez bien et si le pudding a la consistance désirée, retirez du feu et versez dans des petits ramequins ou verrines transparentes.
5. Réservez au réfrigérateur.

Pour faire la crème fouettée

6. Prenez le bol de mélange réfrigéré et sortez-le du réfrigérateur.
7. Ouvrez la boîte de lait de coco. Versez le lait dans le bol refroidi. Ajoutez le sucre, le sel et la vanille et fouettez jusqu'à obtenir une crème fouettée régulière.
8. Placez au réfrigérateur et ajoutez 1 cuillère à soupe de ce mélange sur le dessus de chaque pudding au chocolat avant de servir.
9. Pour obtenir un résultat plus professionnel encore, utilisez une poche à douille pour placer la crème.

Menus

Végétarien

Dip aux haricots blancs et edamame avec crackers sans gluten
Salade libanaise
1 petite part de cheesecake citron-noix de cajou

Party express

Houmous
Roulés de saumon à l'ananas
Pilons de poulet aux oignons
Mesclun au fromage de chèvre frais et à la courge butternut
Compote de rhubarbe aux fraises

Express

Tortilla avocat-saumon
Smoothie aux myrtilles

Romantique

10 gambas avec la sauce cocktail
Roulés de saumon à l'ananas
Timbales crabe avocat
Pudding chocolat noix de coco

Hiver

Chicken noodle soup
Tourte aux légumes grillés
1 pamplemousse rose

Printemps

Tortilla de poulet à l'avocat
Compote de rhubarbe aux fraises

Été

Timbales de courgettes à la feta
1 poisson grillé avec salade aux trois choux
salade pèches fraises

Automne

Tarte Tatin aux aubergines
Salade de roquette, champignons et raisins
Pudding chocolat noix de coco

Attaque

OBJECTIF DE CETTE PHASE :
attaquer les kilos coriaces et éliminer la cellulite

DANS LES FAITS :
les pics glycémiques nous font grossir
et nous empêchent de maigrir.
On peut venir à bout de la cellulite. Si, si !

12 portions

30 min + 2 fois 12 h pour la déshydratation

Sans cuisson

Végétalien

Facile

Sans gluten

Sans lactose

Fodmaps

Paléo

Cru

Croustinoisette

Mon petit déjeuner préféré du moment. Notez qu'avec ces ingrédients, vous pourrez faire 12 petits déjeuners. Pour réaliser cette recette, vous aurez besoin d'un déshydrateur.

Ingrédients

300 g de noisettes fraîches trempées 1 nuit dans l'eau
100 g d'amandes trempées 1 nuit dans l'eau
50 g de graines de tournesol sans la coque trempées 2 heures dans l'eau
5 dattes dénoyautées
Raisins secs ou baies séchées
1 pomme coupée en quartiers (ou 1 poire ou 1 papaye, ou tout autre fruit assez juteux)
125 ml de sirop d'érable ou de nectar d'agave
50 g de flocons de noix de coco (facultatif)
1 pincée de cannelle

Préparation

1. Mélangez les graines de tournesol, les raisins secs, les dattes, la pomme et le sirop d'érable dans le bol du mixeur. Réduisez le tout en purée puis ajoutez la cannelle. Transvasez cette préparation dans un grand saladier.
2. Sans rincer le bol du mixeur, mettez-y les amandes et les noisettes égouttées. Réduisez-les en muesli et non pas en beurre d'amande et de noisette.
3. Ajoutez ce muesli puis les flocons de noix de coco et les baies séchées à la purée. Mélangez bien et étalez cette préparation sur 3 feuilles Teflex.
4. Déshydratez à 38 °C maximum pendant 6 à 12 heures, selon que vous les voulez plus ou moins croustillantes, puis retournez les plaques de croustinoisettes et transférez-les sur des plateaux de déshydratation classique, et déshydratez à nouveau pendant 12 heures.
5. À l'issue de la déshydratation, retirez les plateaux du déshydrateur et laissez reposer 10 minutes.
6. Concassez cette plaque de céréales à votre convenance. Le croustinoisette se conserve 15 jours dans une boîte hermétique.

Astuce

Vous pouvez décorer vos desserts glacés et vos compotes de bouts de croustinoisette de la taille de grandes chips.

4 pers.

10 min

40 min

Végétalien

Facile

Sans gluten

Sans lactose

Galette de sarrasin aux pommes

Une variante de la galette de sarrasin, aromatisée à la pomme. Un régal au petit déjeuner !

Ingrédients

100 g de farine de sarrasin
100 g de farine à gâteau sans gluten
1 c. à soupe de raisins secs réhydratés dans de l'eau tiède ou dans du thé
2 œufs
Le zeste de 1 citron
4 pommes râpées
1 pincée de cannelle
275 ml d'eau
5 gouttes d'extrait de vanille
1 ½ c. à soupe d'huile de colza

Préparation

1. Préchauffez le four à 200 °C (th. 6-7).
2. Mélangez tous les ingrédients dans un saladier, à l'exception de l'huile.
3. Ajoutez de l'eau progressivement pour obtenir une pâte assez épaisse.
4. Versez la préparation dans un moule à manqué huilé de 20 cm de diamètre. Enfournez pour 30 minutes.
5. Éteignez le four et laissez la galette encore 10 minutes à l'intérieur. Le dessus doit être dur et de couleur brune, mais pas brûlé.
6. Laissez refroidir sur une grille.

Boost carotte, ananas et persil plat

4 pers.

10 min

Sans cuisson

Végétalien
Rapide
Facile
Sans gluten
Sans lactose
Fodmaps
Paléo
Cru

Une recette qui prend un peu plus de temps que les boosts *habituels car il faut peler l'ananas. Mais, je vous le promets, le résultat sera à la hauteur de vos espérances !*

Ingrédients

500 g de carottes non pelées mais bien lavées
1 ananas
½ bouquet de persil plat
1 pincée de piment doux (le piment d'Espelette convient parfaitement)

Préparation

1. Épluchez l'ananas, retirez le cœur dur et coupez la pulpe en morceaux.
2. Lavez et essorez le persil.
3. Passez tous les ingrédients à la centrifugeuse et dégustez immédiatement !

Mini-pains vietnamiens chauds à la banane

6 mini-pains

30 min

20 min

Végétarien
Rapide
Facile
Sans gluten
Sans lactose
Fodmaps

Un délice pour un petit déjeuner un matin frais. Ouvrir le petit pain chaud et le déguster avec son sobacha. Miam !

Ingrédients

500 g de farine à gâteau sans gluten
2 grandes bananes mûres, écrasées en purée
250 g de noix de coco râpée (crue ou grillée)
1 c. à café de bicarbonate de soude
1 c. à café de levure en poudre
80 g de margarine non hydrogénée, ramollie
150 g de sucre de coco (ou sucre de canne régulière)
3 œufs
3 c. à soupe de jus de citron
½ c. à café de sel de mer

Préparation

1. Préchauffez le four à 150 °C (th. 5).
2. Mélangez les farines, le bicarbonate de soude, la levure et le sel.
3. Dans un autre bol, mélangez la margarine et le sucre. Ajoutez les œufs, un à la fois, et mélangez. Ensuite, ajoutez le jus de citron et bien mélanger.
4. Ajoutez le mélange de farine au mélange de beurre et continuez à bien mélanger.
5. Ajoutez les bananes écrasées. Mélangez toujours. Puis ajoutez la noix de coco râpée à la préparation. Continuez à bien mélanger.
6. Graissez 6 petits moules à pain avec de l'huile de canola ou un aérosol d'huile de cuisson.
7. Répartissez le mélange dans chaque moule. Faites cuire au four pendant 20 minutes. Laissez refroidir sur une grille.
8. Dégustez réchauffé pendant 15 secondes au micro-ondes avec de la margarine non hydrogénée et du miel ou des confitures maison.

1 pers.

10 min

Sans cuisson

Végétalien

Rapide

Facile

Sans gluten

Sans lactose

Fodmaps

Paléo

Cru

Boost framboises et carotte

Ce boost sucré ravira vos papilles, mais aussi votre teint grâce au bêta-carotène que contiennent les carottes. Le cocktail idéal pour obtenir une jolie peau et faire le plein d'antioxydants.

Ingrédients

Le jus de 1 orange
1 poignée de framboises fraîches ou décongelées
3 carottes bio non pelées mais rincées
Le jus de 1 citron

Préparation

1. Coupez les extrémités des carottes.
2. Passez les carottes et les framboises si elles sont fraîches. Si les framboises sont congelées ou décongelées, transférez le jus des carottes dans un blender et ajoutez-y les framboises dans votre centrifugeuse.
3. Ajoutez les jus de citron et d'orange. Dégustez sans attendre.

1 pers.

3 min

Sans cuisson

Végétalien

Rapide

Facile

Sans gluten

Sans lactose

Fodmaps

Paléo

Cru

Limonade alcaline

Une boisson qui participe au maintien d'un bon pH. Facile à faire et à transporter partout avec vous, au bureau, en voiture, en vacances, etc.

Ingrédients

Le jus de 1 citron
1 verre d'eau gazeuse (250 ml)
10 gouttes de stevia ou un pack de Truvia®

Préparation

1. Versez le jus de citron dans un verre et ajoutez l'eau pétillante et le stevia.
2. Mélangez bien avant de déguster.

1 pers.

5 min

Sans cuisson

Rapide

Facile

Sans lactose

Cru

Tartine au thon

Une recette rapide pour les déjeuners ou dîners sur le pouce. Un bel équilibre de protéines, de graisses de bonne qualité et de fibres.

Ingrédients

2 tranches de pain complet
½ avocat bien mûr
1 petite boîte de thon (pas à l'huile et si possible avec une quantité réduite de sel)
2 c. à soupe de mayonnaise à base de soja (rappelez-vous, j'appelle cela de la soyonnaise... et si vous n'en trouvez pas, exceptionnellement, de la vraie fera l'affaire)
3 c. à soupe de vinaigre balsamique
oignon émincé ou, si vous êtes pressé(e), en poudre

Préparation

1. Dans un bol, mélangez tous les ingrédients (sauf le pain).
2. Coupez les tranches de pain en deux et toastez-les.
3. Étalez la préparation sur les 4 morceaux de pain.
   Vous voilà avec 4 tartines savoureuses.

Astuce

Prenez le temps de bien mâcher avant d'avaler.

Blinis de sarrasin et ses œufs de poisson

Une douzaine de petits blinis

40 min + 2 h de repos

5 min

Facile

Sans gluten

J'ai découvert ces blinis dans un restaurant très chic à Londres. J'ai décidé de recréer la recette dans ma cuisine. Après plusieurs essais infructueux, j'ai enfin trouve le bon équilibre des ingrédients.

Ingrédients

150 g de farine de sarrasin
100 g de farine de maïs (Maïzena®)
5 g de levure de boulanger (1 sachet)
3 œufs
600 ml de lait écrémé tiède
Huile
2 pincées de sel

Garniture
Œufs de poisson (truite, lump, saumon, esturgeon, brochet...)
Crème fraîche ou produits laitiers alternatifs libres (doivent être épais)
Citron

Préparation

1. Diluez la levure dans un verre de lait tiède et laissez-la se développer pendant 10 minutes.
2. Cassez les œufs et séparez les blancs des jaunes. Réservez les blancs dans le réfrigérateur et mélangez délicatement les jaunes avec la levure.
3. Dans un saladier, mélangez les deux farines, ajoutez une pincée de sel et faire un puits au centre. Versez les jaunes d'œuf et la levure lentement. Ajoutez le reste du lait au mélange en continu jusqu'à ce que la pâte soit lisse et homogène.
4. Laissez la pâte reposer pendant 2 heures à température ambiante.
5. Montez les blancs d'œuf en neige avec l'autre pincée de sel. Incorporez-les délicatement au reste de la pâte. Faites cuire vos blinis à feu moyen dans une poêle à blinis huilée puis essuyée.
6. Servez chaque blinis avec une cuillerée de crème et une demi-cuillère à soupe d'œufs de poisson.

1 pot à confiture

10 min

1 h

Végétalien

Facile

Sans gluten

Sans lactose

Paléo

Chutney à la rhubarbe

Ce chutney accompagne à merveille des viandes comme le canard ou autres volailles ou un petit fromage de brebis type Manchego. Il se conserve plusieurs jours au réfrigérateur, dans un pot à confiture.

Ingrédients

300 g de rhubarbe
200 g d'oignons émincés
80 g de raisins secs
200 g de sucre roux
150 ml de vinaigre de cidre
½ c. à café de cannelle
½ c. à café de gingembre en poudre
½ c. à café de clous de girofle écrasés
1 pincée de piment d'Espelette
Sel

Préparation

1. Effilez la rhubarbe et coupez-la en tronçons.
2. Mélangez la rhubarbe, les oignons, les raisins secs, le sucre, le vinaigre de cidre, le sel, la cannelle, le gingembre et le piment d'Espelette dans une casserole.
3. Laissez cuire environ 1 heure à feu doux.
4. Versez ce chutney dans un pot à confiture et laissez-le refroidir avant de le réserver au réfrigérateur.

2 pers.

10 min

Sans cuisson

Végétarien

Rapide

Facile

Cru

Bruschetta au tzatziki

Une petite touche de fraîcheur idéale pendant les journées chaudes d'été, ou en hiver pour un repas grec à la maison. Peut se déguster sur des tartines ou en dip.

Ingrédients

Tranches de pain grillé
1 tomate
100 g de fromage blanc
½ concombre
1 gousse d'ail
1 c. à soupe d'huile d'olive
Menthe fraîche ciselée
Sel, poivre

Préparation

1. Épluchez et râpez finement le concombre.
2. Mélangez-le avec le fromage blanc, la gousse d'ail pressée, l'huile d'olive et la menthe.
3. Assaisonnez et garnissez les tartines de pain.
4. Décorez d'un dé de tomate.

Astuce

Se conserve au réfrigérateur 4 jours dans un récipient hermétiquement fermé.

6 pers.

30 min

Sans cuisson

Végétalien

Rapide

Facile

Sans gluten

Sans lactose

Cru

Coleslaw

Voici un plat plein de vitamine C, très facile à réaliser, dans une version allégée, sans mayonnaise pleine de graisses saturées.

Ingrédients

1 chou vert
1 grosse carotte
2 poignées de raisins secs
1 pomme jaune pelée et râpée

Préparation

1. Rincez et coupez le chou en très fines lanières.
2. Pelez la carotte, puis hachez-la.
3. Préparez l'assaisonnement dans un saladier en l'émulsionnant avec 2 cuillères à soupe d'eau, et ajoutez le chou, les raisins secs, la carotte et, éventuellement, la pomme.
4. Mélangez soigneusement, puis dégustez.

4 pers.

40 min
+ 2 h de repos

Sans cuisson

Végétarien

Facile

Sans gluten

Fodmaps

Cru

Mousse de concombre

Une recette tout en douceur, légère et alcalinisante (le concombre permet, en effet, de rétablir l'équilibre acido-basique de votre corps, le fameux pH).

Ingrédients

2 concombres
2 blancs d'œuf
30 g de crème fraîche semi-épaisse allégée (à 4 % de mat. grasses)
Quelques branches de persil (pour la décoration)
Sel, poivre

Préparation

1. Épluchez et épépinez le concombre puis passez la pulpe au mixeur.
2. Laissez-la égoutter 30 minutes minimum dans un tamis ou une passoire fine.
3. Mélangez la crème fraîche et le concombre bien égoutté dans un bol.
4. Battez les blancs d'œuf en neige ferme, et incorporez-les à la préparation.
5. Salez, poivrez et laissez reposer au réfrigérateur 1 à 2 heures.
6. Saupoudrez de persil finement ciselé au moment de servir.

4 pers.

20 min

Sans cuisson

Rapide

Facile

Sans gluten

Sans lactose

Paléo

Cru

Roulés de crudités au jambon cru

Voici une entrée originale et raffinée pour les amateurs de bonne charcuterie. Accompagné de légumes crus et d'une sauce légère, cette entrée ne devrait pas peser bien lourd sur la balance !

Ingrédients

4 fines tranches de jambon cru
1 tronçon de concombre de 160 g
100 g de carottes
1 belle pomme verte
4 c. à café de moutarde douce
4 c. à soupe de jus de citron
1 c. à soupe d'huile de sésame

Préparation

1. Coupez le concombre en 2 dans la longueur. Ôtez les pépins à la petite cuillère et coupez la pulpe en bâtonnets.
2. Coupez la pomme en quatre, épépinez-la et taillez-la en bâtonnets.
3. Mélangez le concombre et la pomme, répartissez-les en 4 fagots au centre des 4 tranches de jambon, puis formez des rouleaux. Piquez ces roulés avec des cure-dents pour les maintenir en place.
4. Préparez la sauce : battez le jus de citron avec la moutarde douce et ajoutez l'huile.
5. Présentez les roulés et la sauce à part.

Tartare de thon aux éclats de truffe

2 pers.

15 min

Sans cuisson

Rapide
Facile
Sans gluten
Sans lactose
Fodmaps
Paléo
Cru

La truffe étant une denrée assez rare et chère, vous pouvez la remplacer par n'importe quel champignon de votre choix, ou encore par du poivron ou de la tomate confite.

Ingrédients

400 g de thon extra frais
1 c. à soupe d'éclats de truffe
1 c. à café de gingembre frais râpé
1 c. à soupe d'huile d'olive
1 c. à café d'huile de truffe ou de sésame
2 c. à soupe de ciboulette ciselée
2 c. à soupe de jus de citron
Sel et poivre du moulin

Préparation

1. Coupez le thon en tout petits dés dans un grand bol.
2. Ajoutez la ciboulette, le gingembre et les éclats de truffe, puis mélangez bien.
3. Ajoutez l'huile d'olive, l'huile de truffe, le sel et le poivre et mélangez.
4. Ajoutez le jus de citron au dernier moment.
5. Goûtez et rectifiez l'assaisonnement, puis servez sans plus attendre.

3 pers.

1 h 15

2 h 30

Végétalien

Facile

Sans gluten

Sans lactose

Paléo

Dip de poivrons rouges

Le poivron est une excellente source de vitamine C et de fibres qui participent à un bon transit intestinal. Combinant cet ingrédient avec des tomates et des oignons, ce dip bien-être fera aussi du bien à votre peau.

Ingrédients

4 poivrons rouges, coupés en deux et épépinés
4 tomates Roma
1 oignon pelé émincé
1 échalote pelée, émincée
3 c. à soupe d'huile d'olive
Herbes de Provence

Préparation

1. Coupez le poivron en longueur. Découpez les tomates en petits morceaux.
2. Placez une grande poêle sur feu moyen-doux, et faites revenir l'oignon émincé avec 1 cuillère à soupe d'huile. Lorsqu'il devient brun, diminuez le feu à feu doux et laissez poursuivre la cuisson jusqu'à ce que l'oignon soit presque caramélisé.
3. Dans une poêle séparée, en utilisant une cuillère à soupe d'huile, faites revenir le poivron à feu moyen-doux jusqu'à ce qu'il soit bien cuit et tendre. Vous aurez besoin d'ajouter de l'eau régulièrement et de porter à ébullition jusqu'à ce qu'il réduise et devienne très tendre. Cela peut prendre jusqu'à 1 heure. Vous pouvez poursuivre la cuisson jusqu'à 2 heures si vous voulez un résultat davantage purée.
4. Ajoutez ensuite l'oignon.
5. Dans la même poêle, ajoutez 1 cuillère à soupe d'huile et faites revenir les tomates pendant 1 minute, puis faites réduire à feu doux et cuire jusqu'à ce qu'elles soient tendres. Ajoutez à la préparation de poivrons et oignons. Mélangez bien. Ajoutez les herbes de Provence et laissez mijoter à feu doux pendant 10 minutes.

Salade de poire et jambon de Parme

1 pers.

10 min

10 min

Rapide

Facile

Sans gluten

Sans lactose

Paléo

Un mélange salé-sucré qui fait très « recette de restaurant ». Facile à faire et idéal pour un repas sur le pouce ou une entrée pour un dîner chic.

Ingrédients

1 poire (fraîche, pas en conserve)
3 tranches de jambon de Parme
1 grosse poignée de mesclun
3 c. à soupe de pignons de pin
2 c. à soupe de vinaigre balsamique
2 c. à soupe d'huile d'olive

Préparation

1. Lavez la poire et découpez-la en 3 morceaux.
2. Faites les revenir 5 minutes de chaque côté dans une poêle chaude avec l'huile d'olive et le vinaigre balsamique.
3. Réservez les morceaux de poire et enroulez-les dans les tranches de jambon de Parme.
4. Déposez-les sur le mesclun et parsemez-les de pignons de pin.

Clafoutis de truite de mer fumée à la farine de sarrasin

2 pers.

15 min

25 min

Facile

Sans gluten

Clafoutis ne veut pas forcement dire « sucré ». La preuve avec ce plat complet riche en fibres et en oméga-3 qui fera sensation auprès de votre famille et de vos invités.

Ingrédients

50 g de truite fumée émiettée
3 c. à soupe de farine de sarrasin
1 œuf
100 ml de lait écrémé
1 c. à café de levure
1 c. à soupe de persil plat ciselé
8 tiges de ciboulette ciselées
Quelques feuilles de roquette
Margarine non hydrogénée
Sel, poivre

Préparation

1. Préchauffez le four à 190 °C (th. 6-7).
2. Mixez le lait, l'œuf, la farine de sarrasin et la levure. Salez et poivrez.
3. Enduisez de margarine 2 ramequins individuels.
4. Ajoutez les miettes de truite et les herbes. Versez-y la préparation.
5. Enfournez pour 25 minutes.
6. Ajoutez les feuilles de roquette et laissez cuire encore 3 minutes.

4 pers.

20 min + 1 h de réfrigération

Sans cuisson

Sans gluten

Sans lactose

Tartare de saumon sur lit de lentilles

Le saumon, prince des oméga-3 ! En France, c'est, après le thon – autre poisson gras –, le deuxième poisson le plus consommé, avec 2 kg par an et par habitant. Bon au palais, le saumon est un authentique aliment santé. Les oméga-3, ce sont ces acides gras essentiels procurant de multiples bénéfices pour la santé. J'ai associé ici le saumon avec l'aneth, originaire d'Asie Mineure. Les vertus de cette herbe aromatique, que l'on appelle encore « fenouil bâtard », « dill » ou « faux anis », sont connues depuis longtemps. Chez les Romains, il était symbole de vitalité, et son importance était telle qu'il existait un impôt sur l'aneth.

Ingrédients

300 g de saumon frais
100 g de saumon fumé
200 g de lentilles vertes cuites
Le jus de 1 citron
2 petites échalotes
1 c. à soupe de vinaigre balsamique ou de sauce soja allégée en sodium
2 c. à soupe d'huile d'olive
Sel, poivre

Préparation

1. Coupez le saumon frais et fumé en très petits morceaux dans un saladier. Ajoutez les échalotes très finement hachées.
2. Assaisonnez d'huile d'olive, de sel et de poivre. Ajoutez le vinaigre balsamique (ou la sauce soja) ainsi que le jus du citron. Mélangez soigneusement.
3. Placez le saladier recouvert de film plastique dans le réfrigérateur pendant 1 heure minimum.
4. Huilez 4 petits ramequins et remplissez-les de tartare. Ajoutez une couche de lentilles sur le dessus.
5. Renversez les ramequins sur les assiettes de service et soulevez-les délicatement pour démouler. Voilà votre tartare de saumon dressé à la manière des plus grands chefs !

4 pers.

15 min + quelques heures de marinade

10 min

Facile

Sans gluten

Sans lactose

Paléo

Taboulé de sarrasin au thon au naturel

Le thon est un poisson gras pauvre en cholestérol et riche en oméga-3. Sa teneur en phosphore, sélénium, vitamines A et D en fait un poisson de choix. Retrouvez-le dans une recette inédite de taboulé. Comme le thon contient plus de mercure que les petits poissons, n'en consommez qu'une fois par mois.

Ingrédients

200 g de sarrasin
2 boîtes de 200 g de thon au naturel
1 poivron rouge épépiné et coupé en tout petits dés
2 tomates taillées en petits dés (conservez le jus)
Le jus de 1 citron
3 c. à soupe d'huile d'olive
Menthe fraîche ciselée
Basilic frais ciselé

Préparation

1. Faites cuire le sarrasin 10 minutes dans de l'eau bouillante salée, puis égouttez-le et réservez-le dans un saladier.
2. Ajoutez le thon égoutté et émietté, puis les dés de tomate avec leur jus et les dés de poivron.
3. Arrosez d'huile d'olive et du jus de citron.
4. Ajoutez le basilic et la menthe ciselés. Salez et poivrez.
5. Laissez mariner quelques heures et dégustez bien frais !

4 pers.

10 min + 30 min de réfrigération

8 min

Sans lactose

San Francisco *crabcakes*

Une recette typiquement américaine, voire même typiquement san-franciscaine, un peu riche mais délicieuse ! Consommée avec modération, elle fera sensation lors d'un repas entre amis.

Ingrédients

250 g de chair de crabe
125 g de chapelure
2 c. à soupe d'oignon blanc haché
1 c. à soupe de céleri détaillé en petits cubes
1 c. à café de poivron émincé
2 c. à soupe de persil haché
2 œufs battus
1 c. à café de jus de citron
2 c. à soupe de soyonnaise
1 c. à café de sauce Worcestershire
1 c. à soupe de moutarde
Margarine non hydrogénée
Huile
Sel, poivre

Préparation

1. Mélangez le persil, la moutarde, la sauce Worcestershire, les œufs et la soyonnaise.
2. Ajoutez le jus de citron, les oignons, les cubes de céleri et le poivron, la chair de crabe et les ¾ de la chapelure. Salez, poivrez puis mélangez délicatement. Pelez et coupez en bâtonnets les carottes.
3. Mélangez le concombre, la carotte et la pomme. Faites 6 à 8 petites croquettes de même taille, puis aplatissez-les pour en faire des petits burgers. Passez-les dans le reste de chapelure et réfrigérez le tout durant 30 minutes.
4. Faites rissoler les croquettes 4 minutes de chaque côté dans la margarine et l'huile jusqu'à ce qu'elles soient bien dorées.
5. Égouttez-les sur du papier absorbant. Servez sans attendre, avec une petite salade verte.

6 pers.

10 min

45 min

Facile

Sans gluten

Sans lactose

Terrine de poisson à l'aneth

J'adore les terrines de poisson, mais elles sont trop souvent trop sèches. Grâce à la crème végétale, celle-ci devrait vous titiller les papilles. Excellente source de protéines marines, faibles en graisses saturées.

Ingrédients

600 g de saumon sauvage émietté
200 g de crevettes roses décortiquées
120 ml de crème liquide végétale
1 cuillère à soupe d'huile de colza
4 œufs
1 oignon émincé
2 gousses d'ail écrasées
3 cracottes au sarrasin
10 g de margarine non hydrogénée
1 bouquet d'aneth
Sel, poivre blanc

Préparation

1. Préchauffez votre four à 180 °C (th. 6).
2. Mélangez tous les ingrédients (sauf la margarine), mixez finement puis assaisonnez.
3. Versez la préparation à l'intérieur d'une terrine préalablement beurrée avec la margarine.
4. Faites cuire 45 minutes au bain-marie à 180 °C. Une fois cuite, laissez refroidir avant de servir.

4 pers.

15 min + 30 min de réfrigération

5 min

Rapide

Facile

Sans gluten

Sans lactose

Paléo

Salade de pommes au crabe et raisins secs

Une salade fraîche et légère à préparer avec du « vrai » crabe et pas du surimi, un ersatz insipide, aux couleurs artificielles et au processus de fabrication trop souvent sujet à caution…

Ingrédients

2 pommes rouges bien fermes non épluchées
200 g de chair de crabe (ou de crevette)
1 carotte nouvelle taillée en julienne
60 g de noix de cajou
40 g de raisins secs blancs
1 oignon rouge émincé
Le jus de 1 citron vert
4 c. à soupe d'huile d'olive
3 c. à soupe de vinaigre de xérès
1 c. à soupe de curry
1 c. à soupe de miel liquide toutes fleurs

Préparation

1. Évidez les pommes et taillez-les en bâtonnets dans un saladier, puis arrosez-les avec le jus de citron.
2. Ajoutez la julienne de carotte, l'oignon émincé et le crabe. Mélangez bien.
3. Faites chauffer le miel dans une petite casserole et ajoutez le curry.
4. Hors du feu, ajoutez le vinaigre et l'huile, salez et poivrez, puis fouettez bien. Ajoutez les raisins secs et mélangez.
5. Versez dans le saladier et ajoutez les noix de cajou, puis mélangez le tout et mettez au réfrigérateur 30 minutes.
6. Mélangez de nouveau juste avant de servir.

1 pers.

30 min

20 min

Rapide

Facile

Sans gluten

Sans lactose

Fodmaps

Paléo

Roulé de sole au jambon de Parme

Un plat chic qui fera son petit effet au cours d'un dîner entre amis… qui ne sauront même pas qu'ils font LeBootCamp !

Ingrédients

3 petits filets de sole (sauvage si possible)
3 fines tranches de jambon de Parme
1 c. à café d'huile d'olive
Le jus de 1 citron
2 c. à soupe de vinaigre balsamique
Poivre

Préparation

1. Préchauffez le four à 180 °C (th. 6).
2. Roulez les filets de sole sur eux-mêmes.
3. Pliez les tranches de jambon en trois pour former une petite ceinture autour des filets de sole. Maintenez le jambon autour des filets avec 2 cure-dents.
4. Disposez les filets dans un plat à four, puis poivrez légèrement. Ne salez pas.
5. Badigeonnez les filets d'huile d'olive au pinceau. Couvrir avec du papier d'aluminium sans pour autant recouvrir le plat de manière hermétique. Enfournez pour environ 20 minutes.
6. Au terme de la cuisson, déglacez le jus de cuisson avec le jus de citron, le vinaigre balsamique et un peu d'eau. Servez les filets nappés de jus déglacé.

Sardines et pommes de terre en gratin

4 pers.

15 min

1 h

Facile

Sans gluten

Sans lactose

Fodmaps

Vous n'aimez pas l'odeur des sardines grillées au barbecue ? Dégustez-les en gratin, elles se marient très bien avec les pommes de terre à la texture fondante.

Ingrédients

750 g de sardines entières en boîte
750 g de pommes de terre à chair ferme
6 feuilles de laurier
8 c. à soupe huile d'olive
Sel, poivre

Préparation

1. Préchauffez le four à 200 °C (th. 6-7). Rincez les pommes de terre et coupez-les en fines tranches.
2. Mettez 3 feuilles de laurier dans un moule à gratin graissé. Disposez les tranches de pommes de terre, arrosez-les d'un peu d'huile d'olive. Salez et poivrez légèrement.
3. Ajoutez une couche de sardines égouttées, disposez le reste des feuilles de laurier et poursuivez en alternant les couches de pommes de terre et de sardines, puis assaisonnez.
4. Terminez par une couche de pommes de terre, arrosez encore d'un peu d'huile.
5. Couvrez le gratin d'aluminium ménager et enfournez pour 40 minutes à 1 heure. Vérifiez la cuisson en piquant les pommes de terre avec la pointe d'un couteau.
6. Enlevez l'aluminium 15 minutes avant la fin de la cuisson pour laisser dorer les pommes de terre.

4 pers.

5 min

20 min

Rapide

Facile

Sans gluten

Sans lactose

Fodmaps

Riz cantonais minceur

Voici la version bien-être d'un grand classique chinois !

Ingrédients

200 g de riz complet ou de riz corail au jasmin
200 g de petits pois surgelés
200 g de maïs frais ou surgelé
200 g de blanc de poulet cuit (ou un reste de poulet de la veille)
4 feuilles de laitue
Bouillon de poule

Préparation

1. Faites cuire le riz dans le bouillon de poule.
2. 10 minutes avant la fin de la cuisson, ajoutez les petits pois, le maïs, la laitue et le poulet.
3. Poursuivez la cuisson encore quelques minutes. Servez sans attendre.

1 pers.

5 min

20 min

Rapide

Facile

Pizza pita au jambon

Voici un petit plat de pur plaisir qui permet de titiller les papilles de ceux qui aiment commander une petite pizza et qui, jusqu'à présent, se privaient sous prétexte que cela fait grossir. Eh bien, c'est faux, en voici la démonstration !

Ingrédients

1 pain pita complet
1 tranche de jambon blanc
30 g de mozzarella allégée
5 c. à soupe de sauce tomate
5 olives vertes ou noires
Quelques feuilles d'origan
1 c. à café d'huile d'olive
Poivre

Préparation

1. Ouvrez le pain pita en deux.
2. Disposez les 2 tranches de pita dans un plat à four et glissez-les au four pendant 8 minutes à 200 °C (th. 6-7), jusqu'à ce qu'elles soient légèrement croustillantes. Laissez le four allumé.
3. Étalez de la sauce tomate sur le pain pita.
4. Disposez les olives, la mozzarella, la tranche de jambon coupée en dés et les feuilles d'origan dessus.
5. Enfournez à nouveau pour 8 minutes, jusqu'à ce que les pizzas soient légèrement croustillantes et le fromage fondu.
6. Dégustez ces pizzas avec une salade de mâche.

4 pers.

15 min
+ 2 h de réfrigération

15 min

Facile

Sans gluten

Sans lactose

Fodmaps

Salade de sarrasin rôti au jambon cru, vinaigre de cidre, huile de noisette et miel de sarrasin

L'huile de noisette est rarement utilisée, alors qu'elle est très riche en oméga-9 et en vitamine E. Sans parler de son délicieux goût fruité qui agrémentera toutes vos salades. Associée au sarrasin, elle entre ici dans la composition d'un plat minceur complet et équilibré.

Ingrédients

200 g de graines de sarrasin
4 tranches de jambon cru coupées en lamelles
1 petite échalote hachée menu
1 tomate coupée en petits dés
Persil plat ciselé
Huile d'olive
3 c. à soupe de vinaigre de cidre
3 c. à soupe d'huile de noisette
1 c. à café de miel de sarrasin (ou de miel toutes fleurs)
Sel, poivre

Préparation

1. Faites rôtir le sarrasin avec un peu d'huile d'olive pendant 3 minutes dans une casserole sur feu moyen.
2. Amenez 2 litres d'eau salée à ébullition, jetez-y le sarrasin rôti et laissez cuire 10 minutes. Égouttez et rincez le sarrasin à l'eau fraîche pour arrêter la cuisson, puis versez-le dans un saladier.
3. Ajoutez les lamelles de jambon, l'échalote et les dés de tomate. Salez, poivrez et mélangez.
4. Préparez la vinaigrette en mélangeant le miel, le vinaigre et l'huile de noisette. Arrosez-en la salade et remuez.
5. Placez la salade au réfrigérateur 2 heures minimum. Parsemez-la de persil plat au moment de servir.

4 pers.

20 min

40 min

Facile

Sans gluten

Sans lactose

Courgettes à l'orientale

Peu calorique et riche en minéraux, la courgette est un aliment minceur. Sa teneur en vitamine C et surtout en caroténoïdes en fait l'amie de notre peau.

Ingrédients

4 à 6 courgettes rondes ou longues

Pour la farce

500 g de viande hachée maigre (dinde de préférence ou équivalent végétalien à base de tofu)
150 g de riz complet (de préférence précuit)
2 gousses d'ail
Sel, poivre
1 oignon haché
½ bouquet de coriandre
2 œufs
1 c. à soupe d'huile d'olive
Cannelle

Pour le bouillon

1 oignon
2 c. à soupe d'huile d'olive
500 g de petits pois surgelés
1 cube de bouillon de poule
Sel, poivre et cannelle

Préparation

1. Lavez et essuyez les courgettes. Coupez le pédoncule, creusez-les et réservez la pulpe. Épluchez l'ail et l'oignon, rincez la coriandre. Hachez-les.
2. Mélangez la viande hachée avec le hachis d'ail, d'oignon et de coriandre. Ajoutez le riz, les œufs et 1 pincée de cannelle. Salez, poivrez. Mélangez.
3. Farcissez les courgettes et, s'il vous reste de la farce, formez des boulettes que vous ajouterez au bouillon.
4. Dans une large marmite, faites revenir, à feu moyen, l'oignon émincé avec l'huile d'olive. Lorsque l'oignon devient transparent, disposez les courgettes côte à côte au fond de la marmite.
5. Faites fondre le cube de bouillon de poule dans 250 ml d'eau bouillante. Versez ce bouillon sur les courgettes et ajoutez la pulpe réservée.
6. Poivrez et ajoutez 1 pincée de cannelle, puis laissez mijoter à feu moyen-doux pendant 20 minutes.
7. 5 minutes avant la fin de la cuisson, ajoutez les petits pois. Laissez encore cuire quelques instants puis vérifiez la cuisson et rectifiez l'assaisonnement si besoin est. Servez avec la coriandre ciselée.

1 pers.

5 min

10 min

Rapide

Facile

Sans gluten

Paléo

Escalope de veau à la moutarde

Le veau est une viande tendre et peu grasse. Certains morceaux ne contiennent, en effet, pas plus de 2 % de matière grasse. Les escalopes de veau contiennent en général entre 6 et 10 % de graisses, ce qui est tout à fait acceptable.

Ingrédients

1 escalope de veau
1 pointe de couteau de margarine non hydrogénée
1 c. à soupe de crème allégée (ou végétale)
2 c. à soupe de moutarde
1 feuille de sauge (pour la décoration)
Sel, poivre

Préparation

1. Faites fondre la margarine dans une poêle bien chaude à feu moyen-fort, sans la laisser brunir.
2. Saisissez la viande des deux côtés pour qu'elle soit bien colorée. Laissez-la cuire quelques minutes (le temps de cuisson dépend de l'épaisseur du morceau et de votre poêle ; coupez un petit bout d'escalope et vérifier que le centre du morceau est bien blanc), puis réduisez le feu au minimum et ajoutez la crème et la moutarde.
3. Salez, poivrez, décorez l'escalope avec la feuille de sauge et servez chaud.

Jambon à l'os et miel

4 pers.

5 min

30 min

Rapide

Facile

Sans gluten

Sans lactose

Paléo

Riche en protéines, peu calorique et pauvre en lipides, le jambon cuit présente de nombreux atouts nutritionnels.

Ingrédients

600 g de jambon à l'os en tranche
2 c. à soupe de miel
Cannelle
Muscade
Huile d'olive

Préparation

1. Préchauffez le four à 160 °C (th. 5-6).
2. Disposez les tranches de jambon dans un plat à four légèrement graissé et faites-les cuire 15 minutes.
3. Faites chauffer le miel additionné de muscade, de cannelle et de 1 cuillère à café d'eau dans une petite casserole. Dès que le miel bout, retirez-le du feu.
4. Sortez les tranches de jambon du four, augmentez la température à 220 °C (th. 7-8) et badigeonnez le jambon de miel épicé.
5. Remettez-le au four pendant 10 minutes.
6. Servez ce jambon au miel avec quelques pommes de terre grenailles de Noirmoutier à l'estragon et un peu de roquette.

4 pers.

20 min

Sans cuisson

Rapide

Facile

Sans gluten

Sans lactose

Paléo

Cru

Salade de mâche périgourdine sveltesse

La mâche est un aliment aux multiples vertus. Sa richesse en vitamines A, B et C en fait une alliée de notre peau et de notre vitalité. Sa teneur exceptionnelle en oméga-3 permet de prévenir l'apparition des troubles cardio-vasculaires. C'est également une source intéressante de calcium.

Ingrédients

400 g de mâche rincée et égouttée
20 cerneaux de noix
10 tomates cerises
1 magret de canard cuit
Vinaigrette composée de vinaigre de framboise, d'huile de noix, de moutarde, de sel et de poivre
2 gousses d'ail pressées
Quelques brins de persil et de ciboulette

Préparation

1. Mettez la mâche dans un saladier. Ajoutez les tomates.
2. Préparez la vinaigrette, ajoutez-y l'ail et versez cette sauce sur la salade. Mélangez.
3. Tranchez finement le magret que vous aurez préalablement réchauffé.
4. Répartissez la salade sur les assiettes de service, déposez dessus des tranches de magret puis terminez par les cerneaux de noix et les herbes. Servez sans plus attendre !

1 pers.

5 min

15 min

Rapide

Facile

Sans gluten

Sans lactose

Paléo

Côte de porc aux pommes

Le porc est une viande très saine, faible en graisse mais riche en protéines. C'est aussi une des viandes les plus riches en potassium (plus que le poulet ou la dinde).

Ingrédients

1 côte de porc
1 ½ pomme
10 g de margarine non hydrogénée
Sel, poivre du moulin

Préparation

1. Dans une poêle, faites revenir la viande dans la margarine sur feu moyen.
2. Ajoutez la pomme pelée et coupée en petits dés.
3. Mélangez constamment puis assaisonnez au moment du service. La viande est cuite quand le milieu est presque blanc et que l'exterieur est caramélisé par endroits.

Aubergines farcies au kasha

4 pers.

45 min

1 h

Végétalien

Facile

Sans gluten

Sans lactose

L'aubergine est un légume très riche en minéraux, notamment en potassium, magnésium et zinc. De plus, sa teneur élevée en fibres permet de réduire le taux de « mauvais » cholestérol.

Attention : du fait de sa teneur, même très réduite, en nicotine, l'aubergine est souvent interdite à ceux qui tentent d'arrêter de fumer. Mais comme il faudrait consommer 9 kg d'aubergines pour obtenir la quantité de nicotine d'une seule cigarette, vous comprendrez aisément que votre coach n'interdise pas l'aubergine aux fumeurs !

Ingrédients

2 aubergines coupées en deux dans le sens de la longueur
4 tomates mondées, épépinées et coupées en dés
200 g de sarrasin kasha (concassé)
Bouillon de légumes
2 oignons émincés
2 gousses d'ail hachées
1 c. à café de sucre
1 c. à café de fleur de thym
2 feuilles de laurier
40 g de chapelure mélangée avec 40 g de parmesan
Huile d'olive
Sel, poivre

Préparation

1. Préchauffez le four à 180 °C (th. 6).
2. Huilez au pinceau le côté tranché des aubergines, posez-les sur une grille du four et enfournez-les pour 35 minutes.
3. Faites revenir les oignons avec un peu d'huile d'olive dans une sauteuse. À coloration, ajoutez l'ail et mélangez avec une cuillère en bois.
4. Ajoutez les dés de tomate, la fleur de thym et le laurier. Saupoudrez de sucre, salez et poivrez. Ajoutez le kasha et le double de son volume de bouillon. Laissez mijoter 10 minutes.
5. Sortez les aubergines du four et prélevez la pulpe jusqu'à 0,5 cm des bords. Laissez le four allumé à la même température.
6. Ajoutez cette pulpe d'aubergine dans la sauteuse, et laissez cette compotée mijoter à feu doux encore une dizaine de minutes.
7. Déposez les aubergines dans un plat à gratin. Garnissez-les de compotée et saupoudrez du mélange chapelure-parmesan. Enfournez pour 5 minutes et servez aussitôt.

Velouté de citrouille

4 pers.

40 min

40 min

Rapide

Facile

Sans gluten

Paléo

La citrouille est bien connue outre-Atlantique pour hanter les rues au moment d'Halloween. Mais cette cucurbitacée est aussi un aliment bien-être exceptionnel, puisqu'elle facilite la digestion et représente un antidouleur intéressant pour sa richesse en tyrosine. Sa forte teneur en vitamines, minéraux et fibres est également un atout santé. Alors vive la citrouille! Pour l'anecdote, la plus grosse jamais cultivée appartenait à un jardinier de Topsfield, dans le Massachusetts, et atteignait plus de 600 kg. De quoi faire des centaines de tartes à la citrouille!

Ingrédients

1 kg de citrouille (potiron, potimarron ou autre courge)
1 gousse d'ail
2 échalotes ou 1 petit oignon
2 litres de bouillon de légumes
4 c. à soupe de crème fraîche légère (ou équivalent végétarien)
4 c. à café de persil ciselé
1 c. à café de cannelle
1 c. à café de noix de muscade râpée
Sel, poivre

Préparation

1. Épépinez et pelez la citrouille, puis coupez-la en cubes grossiers. Pelez l'échalote (ou l'oignon) et l'ail. Placez le tout dans une casserole.
2. Couvrez de bouillon et portez à ébullition, puis laissez cuire 40 minutes à couvert et à feu moyen-doux.
3. Passez au mixeur plongeant. Ajoutez la cannelle, la noix de muscade, du sel et du poivre.
4. Servez ce velouté dans des assiettes creuses, faites un petit tourbillon avec 1 cuillère à soupe de crème fraîche légère au-dessus, parsemez de persil et savourez !

Salade de chèvre aux fruits rouges

4 pers.

20 min

Sans cuisson

Végétarien

Rapide

Facile

Sans gluten

Cru

Une salade nutritive et savoureuse à base de fromage de chèvre… et de toutes les couleurs pour donner un petit air de fête aux assiettes !

Ingrédients

150 g de canneberges séchées (ou cranberries)
3 c. à soupe d'abricots séchés et hachés
4 petits fromages de chèvre émiettés
200 g de myrtilles rincées et égouttées
5 c. à soupe de vinaigre de vin rouge (ou de framboise pour plus de goût)
75 ml d'huile d'olive
Mélange de salades (ou roquette)
Sel, poivre

Préparation

1. Mélangez 2 cuillères à soupe de canneberges, les abricots séchés et le vinaigre dans un petit plat allant au four à micro-ondes.
2. Mettez-les au micro-ondes à haute température pendant 1 minute. Laissez refroidir à température ambiante.
3. Passez le mélange au robot jusqu'à ce qu'il soit lisse. Mettez-le dans un bol, ajoutez l'huile et mélangez.
4. Gardez 1 ou 2 cuillères à soupe de cette vinaigrette aux fruits pour la finition, versez le reste sur la salade et mélangez délicatement.
5. Ajoutez le fromage de chèvre émietté, les myrtilles et les canneberges. Nappez du reste de la vinaigrette, salez et poivrez.

Cake de sarrasin aux légumes et pruneaux d'Agen

8 pers.

15 min + 1 h de repos de la pâte

1 h 15

Végétarien

Facile

Sans gluten

Sans lactose

Le pruneau est une prune séchée, riche en phytonutrients uniques, les acides néochlorogénique et chlorogénique, réputés détruire les radicaux libres très efficacement. Sa grande teneur en fibres en fait l'allié de notre transit. Très sucré, il s'intègre à merveille dans cette recette de cake sucré-salé.

Ingrédients

60 g de farine de sarrasin
60 g de farine à gâteau sans gluten
500 ml de lait d'amande
2 courgettes coupées en rondelles
2 carottes coupées en rondelles
10 pruneaux dénoyautés
4 œufs
2 oignons paille émincés
3 gousses d'ail hachées
1 c. à soupe huile d'olive
Fleur de thym
Sel, poivre
Thé noir

Préparation

1. Faites tremper les pruneaux dans du thé noir tiède pendant 15 minutes.
2. Mettez la farine dans un saladier, incorporez le lait et les œufs battus en fouettant vigoureusement. Laissez reposer la pâte à cake pendant 1 heure à température ambiante
3. Pendant ce temps, faites dorer les rondelles de carottes et de courgettes dans une poêle huilée. Laissez-les refroidir et ajoutez-les à la pâte à cake.
4. Préchauffez le four à 180 °C (th. 6).
5. Mélangez puis ajoutez les oignons, l'ail, la fleur de thym et les pruneaux coupés en quatre. Mélangez bien, salez et poivrez.
6. Versez la préparation dans un moule à cake en métal graissé ou, mieux, dans un moule en silicone. Enfournez pour 1 heure.
7. Le gâteau est cuit quand la pointe d'un couteau piquée au centre ressort presque sèche.

4 pers.

1 h

30 min

Végétarien

Sans gluten

Roulés d'aubergine panés à la brousse

L'aubergine est une source de manganèse, un oligoélément très méconnu mais pourtant fondamental. Il favorise l'assimilation des graisses et des sucres. Le manganèse entre aussi dans le mécanisme de fabrication du collagène et de neutralisation des radicaux libres. L'aubergine est aussi une source de vitamine B6, qui fait partie des coenzymes participant au métabolisme des protéines et des acides gras ainsi qu'à la synthèse des messagers dans l'influx nerveux. Bref, l'aubergine a tout bon pour notre santé !

Ingrédients

4 aubergines lavées mais non pelées
2 c. à soupe de brousse (fromage frais)
1 c. à café de paprika de Hongrie
1 c. à soupe de farine complète (ou équivalent sans gluten)
2 œufs
40 g de margarine non hydrogénée
2 c. à soupe d'huile d'olive
Sel

Préparation

1. Coupez les aubergines dans la longueur en tranches pas trop épaisses. Salez-les et saupoudrez-les de paprika.
2. Posez-les sur un grand plat plat, couvrez d'un second plat et posez un poids dessus puis laissez-les dégorger environ 30 minutes. Égouttez-les bien, puis épongez-les avec du papier absorbant.
3. Enduisez les tranches d'aubergine d'un peu de brousse fraîche, puis roulez-les sur elles-mêmes, côté tartiné à l'intérieur.
4. Appuyez bien avec le pouce pour « souder » les roulés. Passez-les dans la farine puis dans les œufs battus.
5. Faites chauffer la margarine et l'huile d'olive dans une sauteuse, puis faites rissoler les roulés en les tournant de temps en temps pour les dorer de partout.
6. Servez accompagné d'une salade frisée, par exemple.

4 pers.

15 min

1 h

Végétarien

Facile

Sans gluten

Cappuccino de champignons

Riche en eau et donc pauvre en calories, le champignon de Paris est le champion en vitamine B2, sélénium et cuivre, trois nutriments excellents pour la peau et le système nerveux.

Ingrédients

500 g de champignons de Paris
200 g de champignons mélangés (shiitakes ou autres) émincés
1 oignon
200 ml de crème légère
Le jus de ½ citron
200 ml de vin blanc
Persil ciselé
1 c. à café de margarine non hydrogénée
Huile d'olive
Sel, poivre

Préparation

1. Émincez l'oignon et faites-le suer dans la margarine.
2. Ajoutez les champignons de Paris émincés et le jus de citron. Faites-les revenir quelques minutes.
3. Couvrez avec 800 ml d'eau et le vin blanc. Salez légèrement et faites cuire environ 1 heure à petit feu.
4. Passez au mixeur les champignons et leur jus, mettez-les dans une casserole.
5. Ajoutez la crème et faites réduire à petit feu jusqu'à obtenir une consistance légèrement veloutée, puis réservez.
6. Faites sauter l'émincé de champignons mélangés avec un peu d'huile. Salez, poivrez et ajoutez un peu du persil.
7. Répartissez le cappuccino de champignons dans 4 petits bols de service, ajoutez quelques champignons revenus et un peu de persil. Dégustez bien chaud.

Astuce

Excellent servi dans une verrine pour un repas de fête.

4 pers.

30 min

5 min

Végétarien

Facile

Rapide

Sans gluten

Pesto de courgette aux noisettes

Voici un mélange original et subtil qui rappelle très bien le traditionnel pesto tout en apportant une note nouvelle à votre plat de pâtes ou de riz. Une recette qui fait toujours son petit effet et satisfait tous les palais.

Ingrédients

1 grosse courgette
1 vingtaine de noisettes émondées
5 gousses d'ail pelées
2 c. à soupe d'huile d'olive
60 g de parmesan
4 feuilles de basilic hachées
Sel, poivre

Préparation

1. Faites cuire la courgette coupée en grosses rondelles à la vapeur (ou dans une casserole d'eau) quelques minutes – il faut qu'elle reste encore un peu ferme.
2. Pendant ce temps, faites le pesto aux noisettes. Mettez 2 gousses d'ail dans un hachoir avec le basilic et les noisettes (réservez-en 3 pour la déco). Ajoutez 1 cuillère d'huile d'olive. Mixez une première fois puis ajoutez le reste d'huile. Salez, poivrez et mixez de nouveau. Réservez.
3. Égouttez les courgettes et passez-les au mixer.
4. Ajoutez le pesto et le parmesan dans le bol du mixeur. Mixez jusqu'à obtenir une purée granuleuse.
5. Faites griller les quelques noisettes réservées dans une poêle.
6. Versez le pesto dans un bol et décorez avec les noisettes grillées. Réservez au frais jusqu'au moment de servir.

Astuce

Ce pesto peut être servi avec des pâtes fraîches, du riz basmati complet ou tout simplement sur des tartines grillées en en-cas.

4 pers.

20 min

35 min

Végétarien

Facile

Tatin à la tomate et aux oignons confits

Voici un plat offrant un bel apport en lycopène, antioxydant qui, allié aux vertus de l'oignon – riche en minéraux et oligoéléments aux propriétés antioxydantes et immunitaires –, en fait un plat jeunesse intéressant et savoureux. Toujours pour notre santé, la version que je propose est une version un peu light *car allégée en sucre (le confit d'oignons nécessite normalement une quantité importante de sucre).*

Ingrédients

1 pâte brisée ou feuilletée
5 tomates
2 oignons
1 c. à soupe de sucre roux
Fromage de chèvre ou gruyère
Thym
Huile d'olive
Sel, poivre

Préparation

1. Coupez les tomates en tranches, éliminez les pépins et le jus pour ne pas détremper la pâte.
2. Pelez et coupez les oignons en lamelles. Faites-les blondir à feu doux dans une casserole avec de l'huile d'olive. Salez et poivrez.
3. Quand les oignons sont blonds, poursuivez la cuisson à feu doux en ajoutant le sucre roux et 1 demi-verre d'eau. Laissez évaporer l'eau tout en continuant de tourner. Arrêtez le feu lorsque les oignons ont pris une couleur ambrée.
4. Préchauffez le four à 180 °C (th. 6).
5. Saupoudrez le fond d'un moule à tarte légèrement huilé de thym émietté, puis répartissez les oignons confits.
6. Couvrez de 4 fines tranches de fromage de chèvre ou de gruyère. Disposez les tranches de tomates dessus. Salez, poivrez et ajoutez éventuellement un peu de thym.
7. Couvrez de la pâte et enfournez pour 25 minutes. Retournez la tarte sur un plat de service et servez chaud !

4 pers.

5 min

20 min

Végétalien

Rapide

Facile

Sans gluten

Sans lactose

Fodmaps

Paléo

Quinoa aux tomates confites et petits pois

Vénérée par les Incas, cette pseudo-céréale (car cette plante n'appartient pas à la famille des graminées comme le blé) a un intérêt nutritionnel certain. Outre le fait qu'elle est très riche en protéines, elle constitue également une source de calcium, de magnésium et de fer non négligeable. Elle contient jusqu'à trois fois plus de ces minéraux que le blé. Bon pour les os, pour la peau, pour le tonus musculaire, le quinoa a tout pour plaire !

Ingrédients

150 g de quinoa
50 g de tomates séchées conservées dans l'huile
200 g de petits pois surgelés
20 olives dénoyautées
1 cube de bouillon de légumes
Sel, poivre

Préparation

1. Faites cuire le quinoa selon les instructions portées sur le paquet dans l'eau additionnée du cube de bouillon de légumes. Remuez régulièrement.
2. 5 minutes avant la fin de la cuisson, ajoutez les tomates séchées, les petits pois et les olives.
3. Poursuivez la cuisson encore quelques minutes en remuant pour éviter que le quinoa n'attache. Salez et poivrez si nécessaire.

3 pers.

20 min + 4 h de trempage

45 min

Végétalien

Facile

Sans gluten

Sans lactose

Fodmaps

Plantains et tofu grillés au lait de coco

Une recette des îles. Un plat complet aux saveurs uniques grâce à l'alliance du plantain et du lait de coco. Un de mes favoris !

Ingrédients

1 barquette de tofu ferme (environ 400 g)
2 bananes plantain bien mûres
1 boîte de lait de coco allégé
Margarine non hydrogénée ou huile de colza
Le jus de 2 citrons verts
2 c. à café de curry jaune en poudre
Sel

Préparation

1. Détaillez le tofu en cubes. Faites-les tremper environ 4 heures dans le jus de citron, en mélangeant de temps en temps pour que le tofu en soit bien imprégné.
2. Pelez les bananes et faites-les revenir en rondelles à feu moyen dans un peu de margarine non hydrogénée ou d'huile de colza. Réservez.
3. Dans la même sauteuse, faites revenir et dorer le tofu égoutté. Ajoutez la boîte de lait de coco et laisser réduire jusqu'à obtenir une sauce onctueuse.
4. Ajoutez un peu de sel et le curry, puis les bananes, et laissez mijoter 5 minutes.
5. Rectifiez l'assaisonnement si nécessaire et servez bien chaud.

1 pers.

5 min

Sans cuisson

Végétarien

Rapide

Facile

Cru

Tartine avocat et feta

Un de mes favoris pour le matin ou un drunch (déjeuner + dîner, soit lunch + dinner *en anglais)!*

Ingrédients

1 grande tranche de pain complet ou 2 tranches moyennes (peut être sans gluten ou d'une autre sorte)
½ avocat
1 c. à soupe de feta émiettée
1 pincée de fleur de sel
Poivre

Préparation

1. Toastez le pain.
2. Écrasez l'avocat (pas trop finement) et ajoutez la moitié du fromage. Mélangez.
3. Étalez sur le pain. Saupoudrez de fleur de sel.
4. Mettez le reste de la feta émiettée sur le mélange avocat-feta. Dégustez immédiatement.

Rouleaux de printemps

4 pers.

20 min

Sans cuisson

Végétalien

Rapide

Facile

Sans gluten

Sans lactose

Cru

Qui ne connaît pas ces petits rouleaux de crêpe de riz originaires d'Asie du Sud-Est ? À vous de les préparer et de les garnir avec autant de fantaisie que vous le souhaitez. Côté ligne, je préfère les rouleaux de printemps aux nems, qui sont frits.

Ingrédients

Feuilles de riz
10 feuilles de laitue
200 g de pousses de soja
200 g de champignons de Paris
2 carottes pelées
5 ciboules avec leur partie verte
5 brins de persil
Quelques feuilles de menthe fraîche
Nuoc-mâm allongé de jus de citron, d'ail et de sucre (ou sauce soja si vous trouvez le goût du nuoc-mâm trop prononcé)

Préparation

1. Émincez les champignons, découpez les ciboules en lanières et déchirez la laitue en fins lambeaux. Coupez les carottes en allumettes.
2. Cassez les feuilles de riz en 4 et trempez-les dans l'eau pour les humidifier, puis garnissez-les du reste des ingrédients en laissant entières les feuilles de menthe et d'aromates.
3. Roulez-les et dégustez-les trempés dans la sauce.

4 pers.

20 min + quelques heures de congélation

Sans cuisson

Végétalien

Facile

Sans gluten

Sans lactose

Fodmaps

Paléo

Cru

Glace à la noisette

Comme la majorité des fruits oléagineux, la noisette a un effet hypocholestérolémiant. Elle permet également de lutter contre le diabète de type 2 et d'améliorer la santé cardio-vasculaire. Tous les moyens sont bons pour en manger, et je suis sûre que vous apprécierez cette recette, surtout pendant les longues et chaudes soirées d'été.

Ingrédients

250 g d'amandes trempées dans l'eau pendant 12 heures
250 g de noisettes
125 g de dattes dénoyautées
2 c. à soupe de lécithine
½ c. à café de sel
1 c. à café d'extrait de vanille ou la pulpe de 1 gousse de vanille

Préparation

1. Après avoir fait tremper les amandes, rincez-les et égouttez-les.
2. Mettez les amandes, les noisettes et 3 fois leur volume d'eau fraîche dans votre blender (si votre bol est trop petit, opérez en 2 fois.)
3. Mixez durant quelques minutes, puis mettez cette purée liquide à égoutter dans une mousseline au-dessus d'un récipient pour en récupérer le lait.
4. Versez ce lait dans le bol d'un mixeur. Ajoutez les dattes, la lécithine, la vanille et le sel.
5. Mixez bien puis versez la préparation dans un bac à glace et faites-la prendre quelques heures au congélateur. Idéalement, utilisez une sorbetière pour une texture parfaite.

4 pers.

30 min

30 min

Végétalien

Rapide

Facile

Sans gluten

Sans lactose

Paléo

Compote poires-figues

La poire, peu calorique, est un vrai petit concentré de nutriments essentiels. Vitamines C, PP et B, potassium, calcium, magnésium, phosphore ou encore zinc... de quoi participer aux apports journaliers recommandés pour conserver une santé de fer !

Ingrédients

4 poires
6 grosses figues
4 c. à soupe de nectar d'agave ou de miel
1 pincée de cannelle (facultatif)

Préparation

1. Pelez et épépinez les poires, puis coupez-les en 6 tranches. Coupez les figues en quatre.
2. Mettez poires et figues à cuire dans une sauteuse, sur feu moyen, avec un peu d'eau et le nectar d'agave ou le miel. Mélangez constamment jusqu'à ce que la consistance devienne celle de la compote, environ 20 à 30 minutes. Attention à ne pas abandonner la compote sur le feu sans la mélanger, elle risque d'accrocher et de donner un goût de brûlé à la préparation.
3. Servez cette compote tiède, éventuellement saupoudrée de cannelle.

2 pers.

20 min + quelques heures au frais

Sans cuisson

Végétalien

Facile

Sans gluten

Sans lactose

Fodmaps

Paléo

Cru

Crème aux graines de chia, menthe et chocolat

Si vous aimez les After Eight®, vous allez adorer ma version végétarienne mais néanmoins gourmande qui utilise du chocolat noir, apportant ainsi du magnésium à cette recette. Utilisées depuis des siècles dans les Andes, les graines de chia sont une belle source de protéines, de fibres et d'oméga-3.

Ingrédients

150 ml de lait d'amande

4 c. à soupe de graines de chia

8 carrés de chocolat noir ou 4 c. à soupe de poudre de cacaco cru

250 ml de crème végétale

1 g d'agar-agar

½ bouquet de menthe fraîche

Colorant vert naturel : 3 gouttes d'extrait de menthe, de chlorophylle, ou 2 pincées de poudre d'afa, de spiruline ou de jus d'orge. Ces trois derniers se trouvent souvent sous forme de gélules. Il suffit d'en ouvrir une et d'utiliser la poudre dans la crème de chia. Une pincée de macha peut aussi faire l'affaire.

Préparation

1. Réalisez la crème au chocolat en mixant quelques minutes dans un blender le lait végétal, les graines de chia et le chocolat.
2. Répartissez cette préparation au fond de deux grosses verrines et laissez prendre au frais pendant la réalisation de la mousse à la menthe.
3. Mixez finement la crème végétale avec les feuilles de menthe. Réservez quelques feuilles pour la décoration. Ajoutez une touche de colorant vert.
4. Ajoutez l'agar-agar, mélangez bien et portez à ébullition pendant 2 minutes. Laissez refroidir et versez sur la crème au chocolat.
5. Laissez prendre plusieurs heures au frais et servez vos verrines décorées avec des feuilles de menthe.

Crème balsamique sur agrumes

4 pers.

15 min

15 min

Végétalien

Rapide

Facile

Sans gluten

Sans lactose

Fodmaps

Cette recette au goût original saura vous surprendre ! Il existe plusieurs variantes de crème balsamique, la mienne est à base de fruits rouges et d'oranges.

Ingrédients

1 barquette de framboises
4 petites oranges sanguines
Mûres et myrtilles (en saison)
500 ml de vinaigre balsamique
200 g de crème fraîche ou de crème à base de tofu
Quelques feuilles de menthe pour garnir
Sucre de canne bio (facultatif)

Préparation

1. Épluchez les oranges et retirez la peau blanche afin de récupérer la pulpe.
2. Mettez les morceaux d'orange, les framboises et les autres fruits rouges dans un saladier. Réservez.
3. Versez le vinaigre dans une casserole à fond épais et faites-le bouillir pendant 15 minutes, ou jusqu'à ce qu'il ait la consistance d'un sirop un peu épais, en veillant à ne pas le laisser trop réduire pour ne pas le faire brûler.
4. Laissez-le refroidir puis ajoutez la crème, mélangez et nappez-en les fruits.
5. Mélangez et ajoutez éventuellement un peu de sucre. Servez aussitôt.

Crumble pommes-myrtilles

6 pers.

20 min

35 min

Végétalien
Facile
Sans gluten
Sans lactose
Fodmaps

Fan du crumble mais sensible au gluten, j'ai dû faire plusieurs tentatives avant d'arriver à cette recette. Les myrtilles congelées feront tout à fait l'affaire.

Ingrédients

500 g de pommes (reinettes bio sont mes préférées)
100 g de myrtilles
120 g de sucre brun
50 g de farine de sarrasin
50 g de farine à gâteau sans gluten
80 g de poudre d'amande
60 g de flocons de sarrasin
5 c. à soupe de margarine non hydrogénée à température ambiante
Le jus de 1 citron
1 c. à soupe de zestes d'orange

Préparation

1. Préchauffez le four à 180 °C.
2. Pelez les pommes, évidez-les et coupez-les en tranches. Arrosez-les avec le jus de citron. Mélangez-les dans un saladier avec les myrtilles et 50 g de sucre brun.
3. Dans un autre saladier, mélangez la poudre d'amande avec la farine de sarrasin et le reste du sucre brun. Ajoutez l'huile de noisette, mélangez avec une fourchette, puis ajoutez les flocons de sarrasin et mélangez du bout des doigts.
4. Étalez les fruits dans un plat à gratin, recouvrez avec le crumble. Couvrez le plat avec de l'aluminium.
5. Enfournez 25 minutes puis ôtez le papier d'aluminium et poursuivez la cuisson 10 minutes pour que le crumble soit bien doré.

4 pers.

15 min

Sans cuisson

Végétalien
Rapide
Facile
Sans gluten
Sans lactose
Fodmaps
Paléo
Cru

Fraîcheur pastèque et fraises

Un dessert à présenter dans la coque de la pastèque, pour épater vos convives !

Ingrédients

500 g de pulpe de pastèque épépinée
300 g de fraises équeutées
1 c. à soupe de jus de citron jaune ou vert
1 c. à soupe de nectar d'agave
Quelques feuilles de menthe (pour la décoration)

Préparation

1. Lavez et équeutez les fraises. Conservez-en quelques-unes coupées en morceaux pour la présentation et placez tous les ingrédients dans un blender.
2. Ajoutez 125 ml d'eau bien fraîche et mixez jusqu'à obtention d'un mélange homogène.
3. Filtrez éventuellement la purée obtenue. Versez-la dans la pastèque et décorez de morceaux de fraises et de quelques feuilles de menthe.
4. Servez bien frais.

Menus

Végétarien

Tatin à la tomate et aux oignons confits
Plantains et tofu grillés au lait de coco
Glace à la noisette

Party express

Blinis de sarrasin et ses œufs de poisson
Chutney à la rhubarbe et crackers sans gluten
Cappuccino de champignons
Taboulé de sarrasin au thon au naturel
Crème aux graines de chia, menthe et chocolat

Express

Dip de poivrons rouges et dix crackers sans gluten
Tartine avocat et feta
Compote poires-figues

Romantique

Tartare de thon aux éclats de truffe et un San Francisco *crabcake*
Salade de sarrasin rôti au jambon cru, vinaigre de cidre,
huile de noisette et miel de sarrasin
Crème balsamique sur agrumes

Hiver

Velouté de citrouille
Escalope de veau à la moutarde et haricots verts
Crumble pommes-myrtilles

Printemps

Riz cantonnais minceur
Salade de mâche périgourdine sveltesse
Fraîcheur pastèque et fraises

Été

Mousse de concombre
Sardines et pommes de terre en gratin
1 poignée de cerises

Automne

Clafoutis de truite de mer fumée à la farine de sarrasin
Salade jeunes pousses d'épinards et vinaigrette a l'ail
1 pamplemousse rose
4 carrés de chocolat

Équilibre

OBJECTIF DE CETTE PHASE :
stabiliser son poids
et perdre les derniers petits kilos qui restent

DANS LES FAITS :
un corps obèse ou en surpoids est acide ;
un corps mince et en bonne santé
est alcalin ou neutre

4 pers.

10 min

10 min

Végétarien

Rapide

Facile

Sans gluten

Tortilla aux œufs brouillés

Cette tortilla, véritable repas complet, est idéale pour un brunch en famille ou entre amis, et vous évitera d'avoir faim une heure après le petit déjeuner.

Ingrédients

4 tortillas de maïs
8 œufs
60 g de cheddar râpé
1 c. à soupe d'huile de colza
Ciboulette ciselée
Sauce tomate (maison ou toute prête)
Sel, poivre

Préparation

1. Au four, faites légèrement chauffer les tortillas enveloppées d'aluminium ménager.
2. Pendant ce temps, faites chauffer l'huile dans une poêle, puis cassez les œufs dedans. Mélangez rapidement avec une cuillère en bois jusqu'à ce que tout soit complètement jaune.
3. Ajoutez le cheddar, salez, poivrez et mélangez à nouveau.
4. Sortez les tortillas du four et garnissez-les d'œufs brouillés.
5. Ajoutez de la ciboulette ciselée et de la sauce tomate. Servez aussitôt, accompagné d'un fruit pour un équilibre parfait.

Pour 20 barres de taille moyenne

1 h + 2 h de réfrigération

20 min

Végétarien
Facile
Sans gluten
Sans lactose
Fodmaps

Barres énergétiques à la confiture de fraise

Une recette idéale pour toujours avoir un snack malin sous la main, pour les enfants comme pour les plus grands.

Ingrédients

200 g de flocons de sarrasin
150 g d'amandes effilées
75 g de fruits secs (raisins, cranberries)
225 g de beurre d'amande
60 g de graines de lin moulues
2 œufs
60 ml de nectar d'agave
8 c. à soupe de confiture de fraise

Préparation

1. Préchauffez le four à 160 °C. Enduisez un plat de cuisson d'huile de colza.
2. Dans un petit bol, fouettez le nectar d'agave et les œufs jusqu'à ce que le mélange soit bien homogène. Ajoutez lentement le beurre d'amande et fouettez à nouveau.
3. Dans un autre saladier, plus grand, mélangez les flocons de sarrasin avec les amandes effilées, les graines de lin moulues et les fruits secs.
4. Incorporez le mélange de beurre d'amandes dans le saladier, puis mélangez bien le tout avec une fourchette.
5. Tapissez un moule rectangulaire d'une feuille de papier sulfurisé et versez-y la moitié de la préparation. Tassez bien le mélange dans le fond du moule, sur une hauteur de 2 cm environ, puis lissez la surface. Tassez bien surtout, sinon les barres se casseront.
6. Étalez une fine couche de confiture sur la préparation. Étalez la moitié restante du mélange sur le dessus de la confiture. Encore une fois, pensez à bien tasser la préparation ! Vous pouvez utiliser un couteau plat ou tout autre dispositif pour pousser le tout et donner une belle forme carrée.
7. Enfournez pendant 15 minutes. Vérifiez la partie supérieure de la préparation : si elle est légèrement dorée, sortez-la du four et laissez-la refroidir complètement. Sinon, prolongez la cuisson de 3 minutes minimum jusqu'à ce que ce soit bien doré.
8. Une fois refroidie, placez la préparation dans le réfrigérateur au moins 2 heures pour laisser durcir.
9. Avec un couteau bien tranchant, coupez la préparation en petites barres.

Marmelade orange-whisky

Pour 12 pots

3 h 30
dont 2 h de repos

3 h

Végétalien

Sans gluten

Sans lactose

Fodmaps

Pendant des années, j'ai fait une recette ressemblant à celle-ci en utilisant des citrons Meyer et du whisky. Puis un jour, une de mes amies m'a apporté des kilos d'oranges de son verger. D'où cette nouvelle recette.

Ingrédients

1 kg d'oranges bio lavées
8 c. à soupe de scotch ou de whisky écossais
2 l d'eau + 250 ml
Le jus de 2 citrons
2 kg de sucre brun

Préparation

1. Placez une petite soucoupe dans le congélateur.
2. Dans une grande casserole, mettez 2 l d'eau, les oranges entières et le jus de citron. Portez à ébullition, puis réduisez le feu sur moyen et laissez mijoter pendant 2 heures ou jusqu'à ce que les oranges soient très douces (si vous oubliez vos oranges pour 30 ou 45 minutes supplémentaires, cela n'aura pas trop d'impact sur le goût de votre marmelade).
3. Retirez ensuite les oranges de l'eau et laissez refroidir. Jetez l'eau de cuisson.
4. Hachez les pelures d'orange très finement. Prévoyez au moins 30 minutes. Plus minces et fines seront les bandes, meilleur sera le goût final. Réservez.
5. Utilisez un tamis placé au-dessus de la casserole que vous avez utilisée précédemment. Appuyez sur la chair des oranges pour extraire le plus de liquide possible. Si une partie de la pulpe reste dans le tamis, c'est normal.
6. Ajoutez dans la casserole les zestes d'orange, le sucre et 250 ml d'eau. Amenez la préparation doucement à ébullition, en remuant constamment pour bien dissoudre le sucre. Puis, augmentez le feu et portez à ébullition pendant environ 10 à 15 minutes, jusqu'à ce que le mélange épaississe. Pour déterminer si le niveau d'épaississement a été atteint, versez une bonne cuillerée de marmelade sur une soucoupe. Après 2 minutes, la consistance de marmelade doit être atteinte. Si ce n'est pas le cas, replacez encore en petite ébullition et refaites le test jusqu'à ce que vous atteigniez le bon niveau de consistance.

7. Et une fois ce niveau atteint, ajoutez le whisky et mélangez bien.
8. Transférez la marmelade dans des pots préalablement stérilisés. Dans une grande casserole, immergez vos pots et comptez 10 minutes à partir de l'ébullition. Laissez-les sécher, retournés sur un linge propre.
9. Puis suivez bien le processus de stérilisation pour mise en conserve. Si vous ne disposez pas d'une machine de mise en conserve, versez la marmelade dans vos pots, jusqu'à 5 mm du bord. Essuyez ces derniers avec un torchon propre, fermez les bocaux et recouvrez-les d'eau dans une grande marmite – il faut au moins 2,5 cm d'eau au-dessus des pots. Puis portez à ébullition pendant 1 heure. Laissez les bocaux à couvert. Retirez le couvercle de la marmite. Patientez 5 minutes avant de sortir les bocaux de l'eau. Laissez refroidir et reposer tranquillement pendant 24 heures à température ambiante.

Astuce

Il est important que les oranges soient biologiques, car nous gardons la peau dans cette recette.

Madeleines à la farine de blé noir et beurre à la fleur de sel de Guérande

Pour 12 madeleines

20 min

10 min

Végétarien

Rapide

Facile

Sans gluten

Sans lactose

Voici ma recette de madeleines pour le petit déjeuner du dimanche, mais à la farine de sarrasin, histoire de profiter de ses bienfaits, même le week-end. Cette recette est riche, donc limitez-vous à deux madeleines pour vous titiller les papilles sans faire pencher la balance du mauvais côté.

Ingrédients

70 g de farine de sarrasin tamisée
60 g de farine à gâteau sans gluten
2 œufs
100 g de beurre à la fleur de sel de Guérande
1 c. à soupe de miel de sarrasin ou toutes fleurs
50 g de sucre
½ paquet de levure chimique

Préparation

1. Préchauffez le four à 240 °C (th. 8).
2. Faites fondre le beurre et versez-le dans un saladier. Ajoutez la farine, la levure, le miel et le sucre.
3. Mélangez bien, puis ajoutez les œufs un à un. Couvrez et laissez reposer quelques minutes à température ambiante.
4. Remplissez un moule à madeleines, en silicone de préférence, à la moitié seulement.
5. Enfournez pour 6 minutes, puis baissez la température du four à 200 °C (th. 6-7) et poursuivez la cuisson 4 minutes.
6. Sortez la plaque du four et démoulez les madeleines au bout de 5 minutes. Laissez refroidir sur une grille.

Boost teint de pêche

1 pers.

5 min

Sans cuisson

Végétalien

Rapide

Facile

Sans gluten

Sans lactose

Fodmaps

Paléo

Cru

Depuis des siècles, la papaye est utilisée dans les Caraïbes pour soigner les brûlures, abcès et autres infections de la peau. Sa teneur en latex favorise en effet la guérison. Elle est étudiée depuis quelques années par les experts anti-âge pour ses propriétés anti-radicalaires très puissantes. J'en consomme au moins trois par semaine.

Ingrédients

1 papaye pelée, égrainée et coupée en petits dés
Le jus de 1 orange
Le jus de ½ citron
Quelques feuilles de menthe fraîche
8 glaçons

Préparation

1. Mixez le tout et dégustez aussitôt !

Astuce

Ne jetez pas les graines de la papaye. Nettoyez-les et faites-les sécher au déshydrateur à 40 °C pendant 48 heures. Broyez ensuite ces graines déshydratées, riches en antioxydants, à l'aide d'un moulin à poivre pour aromatiser vos salades.

Si vous n'avez pas de déshydrateur, l'air chaud de l'été fera l'affaire ou bien un four allumé au minimum dont la porte reste entre-ouverte.

Ball

1 pers.

5 min

Sans cuisson

Végétalien
Rapide
Facile
Sans gluten
Sans lactose
Fodmaps
Paléo
Cru

Smoothie de l'oasis aux dattes medjool

La datte medjool est originaire du Maroc. Moelleuse, épaisse, charnue, sans fibres, elle a un goût extraordinairement sucré, et ce, naturellement. Associée à une banane et du lait d'amande, elle constitue le smoothie énergétique par excellence.

Ingrédients

4 dattes medjool
1 banane
200 ml de lait d'amande

Préparation

1. Dénoyautez les dattes.
2. Mettez tous les ingrédients dans le blender.
3. Versez ce smoothie dans un grand verre et dégustez.

Note

Si vous ne trouvez pas de dattes medjool, vous pouvez substituer n'importe quelle autre datte (sans sucre ajouté).

8 pers.

30 min

Sans cuisson

Rapide
Facile
Sans gluten
Cru

Verrine avocat, jambon et chèvre frais

Souvent montré du doigt à cause de sa richesse en graisses, l'avocat est en fait un allié minceur et belle peau idéal. Il se distingue par un taux d'acides gras insaturés élevé, qui favorise le bon fonctionnement de l'appareil cardio-vasculaire et de la circulation sanguine. Il permet aussi d'abaisser le taux de ce que l'on appelle le mauvais cholestérol dans le sang.

Ingrédients

4 avocats bien mûrs
8 petites tranches de jambon blanc hachées menu
1 fromage de chèvre en bûchette
Le jus de 1 gros citron
Huile d'olive
1 c. à café d'herbes italiennes
1 bouquet de coriandre hachée
2 c. à soupe de soyonnaise
Origan
1 gousse d'ail réduite en purée
Tabasco
Sel, poivre

Préparation

1. Coupez le fromage de chèvre en tranches pas trop épaisses puis saupoudrez-les d'origan et arrosez-les d'huile d'olive. Réservez.
2. Réduisez les avocats en une purée grossière, puis arrosez-la de jus de citron. Salez légèrement, poivrez et ajoutez le Tabasco à votre convenance. Ajoutez les herbes italiennes et l'ail en purée.
3. Versez un peu de purée d'avocat dans des verres transparents.
4. Mélangez la coriandre hachée avec la soyonnaise. Salez et poivrez.
5. Déposez sur la purée d'avocat une couche de jambon haché, puis 1 cuillère à soupe de crème de coriandre. Terminez par 1 tranche de chèvre aux herbes.
6. Conservez au frais jusqu'au moment de servir.

6 pers.

45 min

25 min

Végétalien

Facile

Sans gluten

Sans lactose

Paléo

Crème d'aubergine aux tomates confites

Voici un plat qui vous apportera votre quota d'acide folique (vitamine B9), essentiel pour la fabrication du matériel génétique, la formation des globules rouges et l'absorption des protéines.

Ingrédients

2 belles aubergines
3 c. à soupe de tahini (pâte de sésame)
Le jus de ½ citron
2 c. à soupe d'huile d'olive
Quelques tomates confites
Cumin en poudre
Menthe fraîche
Sel, poivre

Préparation

1. Préchauffez le four à 200 °C (th. 6-7).
2. Piquez les aubergines à la fourchette et enfournez-les environ 25 minutes. Vérifiez la cuisson à l'aide d'un couteau pointu.
3. Laissez-les refroidir un peu et prélevez la chair avec une cuillère (attention à ne pas racler la peau qui peut donner un goût amer au plat).
4. Faites égoutter la chair quelques minutes dans une petite passoire, puis mettez-la dans un robot et ajoutez tous les autres ingrédients, sauf la menthe.
5. Mixez jusqu'à obtention d'une purée plus ou moins épaisse. Laissez reposer au frais environ 1 heure.
6. Servez avec un filet d'huile d'olive et saupoudrez de menthe hachée.
7. Dégustez avec du pain pita complet.

4 pers.

1 h + 45 min de repos

30 min

Facile

Blinis aux épinards et saumon fumé

Une recette idéale pour vos apéritifs entre amis. Peut se préparer à l'avance et se congeler pour toujours avoir un petit quelque chose gourmand sous la main en cas de fête à l'improviste.

Ingrédients

4 belles tranches de saumon fumé (env. 300 g)
200 ml de crème épaisse allégée ou soja
Le jus de ½ citron

Pour les blinis
100 g de pousses d'épinards
70 g de farine de blé
30 g de farine de sarrasin
1 œuf
250 ml de lait végétal
4 g de levure de boulanger
quelques brins d'aneth (optionnel)

Préparation

1. Préparez la pâte : mélangez la levure de boulanger avec 100 ml de lait chaud. Laisser reposer 15 min.
2. Lavez, essorez et hachez grossièrement les pousses d'épinard. Mixez-les dans le blender avec le reste de lait froid et le lait chaud avec la levure.
3. Séparez le blanc du jaune d'œuf. Ajoutez le jaune au mélange du blender, mixez 2 minutes, puis versez petit à petit les 2 farines et un peu de sel fin.
4. Goûtez la pâte pour savoir si elle est assez salée et laissez-la reposer 30 minutes.
5. Montez le blanc d'œuf en neige ferme et incorporez-le délicatement.
6. Faites chauffer les poêlons à blinis (sinon une petite poêle fera l'affaire) et versez un peu de pâte. Laissez cuire 2 minutes et retournez le blini.
7. Répétez l'opération jusqu'à épuisement de la pâte.
8. Servez avec un bout de saumon posé délicatement sur le blini, sur lequel vous ajouterez un petit peu de crème. Pour finir, un peu de jus de citron et quelques brins d'aneth pour décorer.

6 pers.

30 min
+ 10 min au congélateur

15 min

Facile

Palmitos de saumon au cumin

Une valeur sûre que vous pouvez varier à l'infini : avec du jambon, de la mozzarella, des champignons, du roquefort, etc.
Un succès garanti à l'heure de l'apéritif !

Ingrédients

1 pâte feuilletée
1 boîte de miettes de saumon (environ 200 g)
1 c. à café de cumin en poudre
150 g de fromage râpé (allégé)
Sel, poivre

Préparation

1. Étalez la pâte feuilletée et parsemez dessus les miettes de saumon égouttées.
2. Ajoutez le fromage, le poivre, un tout petit peu de sel et le cumin.
3. Roulez chaque côté de la pâte vers le centre. Réservez 10 minutes au congélateur jusqu'au moment de l'apéritif.
4. Faites des tranches de 5 mm d'épaisseur puis enfournez 10 à 15 minutes à 180 °C th. 6). Régalez-vous !

Crème avocat-concombre

4 pers.

10 min

Sans cuisson

Végétalien
Rapide
Facile
Sans gluten
Sans lactose
Fodmaps
Cru

Cette crème peut servir de soupe classique fraîche pour un dîner un soir d'été ou être servi en petite verrine fraîcheur pour une entrée très chic. Les avocats sont de plus en plus à l'honneur, de nombreuses études ayant démontré leur efficacité en tant que réducteur de cholestérol.

Ingrédients

2 avocats
1 concombre
100 g de pousses d'épinard
200 ml de crème soja
½ citron
Baies de genièvre
Piment d'Espelette
Pignons de pin (pour la décoration)
Sel, poivre noir

Préparation

1. Mettez tous les ingrédients dans un blender et mixez jusqu'à l'obtention d'une préparation onctueuse.
2. Rectifiez à l'aide de la crème et vérifiez l'assaisonnement.
3. Servez dans des verrines et décorez avec les pignons de pin, une touche de poivre et le piment d'Espelette.

Saumon fumé en salade verte

6 pers.

15 min

Sans cuisson

Rapide
Facile
Sans gluten
Sans lactose
Fodmaps
Paléo
Cru

Simple et rapide, voici une recette minceur pour les jours où vous n'avez pas le temps de cuisiner !

Attention, on trouve beaucoup de saumon d'élevage en France. La vaste majorité émane d'élevages aux méthodes douteuses. Privilégiez dans cet ordre : le saumon d'élevage bio, le saumon d'Alaska, puis d'élevage écossais. Évitez le saumon de Norvège. Au pire, en cas de doute, rabattez-vous sur la truite fumée, moins soumise à l'élevage intensif.

Un produit toxique, interdit en France, le diflubenzuron, est autorisé en Norvège (celui-ci permet de tuer le pou de mer qui sévit chez les saumons lorsqu'ils sont entassés à raison de 20 à 50 000 dans des cages de 12 mètres de haut). Il est l'objet de controverses entre experts qui ne sont pas souvent d'accord sur la dangerosité de ce produit. Dans le doute, évitons-le ! Notons que même si on venait à penser que ce produit n'est pas dangereux, lorsqu'un organisme ingère du diflubenzuron, un autre composé se forme dans l'intestin et l'estomac de ce dernier : la PCA. Celle-ci est considérée cancérigène pour l'homme selon l'EPA et l'Ineris (Institut national de l'environnement industriel et des risques). On n'est jamais trop prudent !

Ingrédients

1 sachet de laitue
4 tranches de saumon fumé
50 g de courgette
50 g de radis
Persil haché
2 c. à soupe de soyonnaise
Huile de colza, vinaigre balsamique
Sel, poivre

Préparation

1. Videz le sachet de laitue dans un saladier.
2. Rincez et tranchez finement la courgette et les radis. Ajoutez-les à la laitue.
3. Coupez les tranches de saumon aux ciseaux au-dessus du saladier.
4. Préparez la vinaigrette avec la soyonnaise, de l'huile de colza, du vinaigre balsamique, du sel et du poivre. Versez-la sur la salade.
5. Parsemez de persil haché et dégustez sans plus attendre.

Concombre à l'aneth

2 pers.

15 min

Sans cuisson

Végétalien

Rapide

Facile

Sans gluten

Sans lactose

Fodmaps

Paléo

Cru

Le concombre est l'ami de notre ligne. Avec une teneur en eau de 95 %, il est donc très peu calorique, mais il est riche en potassium. De plus, tout comme le citron, c'est un aliment alcalinisant.

Ingrédients

1 concombre
Vinaigre de cidre
2 c. à soupe d'huile de colza
2 c. à café d'aneth ciselé
Fleur de sel, poivre

Préparation

1. Rincez et tranchez finement le concombre, avec sa peau, au-dessus d'un saladier.
2. Assaisonnez d'huile, de vinaigre, de fleur de sel et de poivre.
3. Ajoutez l'aneth et mélangez bien avant de servir.

6 pers.

30 min

20 min

Végétarien

Rapide

Facile

Sans gluten

Croquettes de courgettes à la grecque

Une version végétarienne des croquettes de viande que l'on trouve un peu partout sur le pourtour méditerranéen. Si vous mangez de la viande, vous pouvez toujours en ajouter dans cette recette, 100 g de viande hachée et une cuillère à café de cumin en poudre ajouteront un petit « twist » encore plus oriental à cette recette.

Ingrédients

1 kg de courgettes
100 g de feta
4 c. à soupe de farine de sarrasin
1 oignon
2 œufs
Huile d'olive
Persil
Menthe fraîche
Sel, poivre

Préparation

1. Lavez et râpez les courgettes en laissant la peau.
2. Mettez-les dans un torchon propre et essorez-les pour enlever une bonne partie de l'eau qu'elles contiennent.
3. Mélangez les courgettes râpées, les œufs battus et la feta émiettée.
4. Ajoutez l'oignon finement émincé, les aromates ciselés et assaisonnez.
5. Réalisez des galettes, passez-les dans la farine des deux côtés et faites-les cuire dans une sauteuse avec un peu d'huile d'olive.
6. Égouttez-les sur du papier absorbant et dégustez-les froides ou chaudes.

4 pers.

20 min
+ 6 h de réfrigération

Sans cuisson

Facile

Sans gluten

Sans lactose

Fodmaps

Paléo

Cru

Tartare de truite saumonée et avocat

Une entrée digne d'un grand chef: présentation, couleurs, goût! Facile à faire et pleine d'oméga-3 et de bonnes protéines. Faites-vous plaisir!

Ingrédients

600 g de filet de truite saumonée fraîche sans peau et sans arêtes
2 avocats
500 g de gros sel
Graines germées, jeunes pousses, mesclun...
Le jus de 1 citron
2 c. à soupe d'huile d'olive
1 c. à soupe d'estragon ciselé
Sel, poivre

Préparation

1. Dans un récipient en verre, type plat à four, versez la moitié du gros sel, déposez la truite et recouvrez-la avec le restant de sel. Réservez au frais pendant 6 heures.
2. Rincez la truite et séchez-la avant de la découper en petits dés. Mélangez-les avec l'huile d'olive.
3. Épluchez les avocats et découpez-les en petits dés. Mélangez-les avec le citron, le sel, le poivre et l'estragon.
4. À l'aide d'un emporte-pièce, déposez un peu d'avocat en pressant bien, ajoutez le poisson et terminez avec un peu de graines germées pour décorer.

4 pers.

20 min

10 min

Rapide

Facile

Sans gluten

Sans lactose

Fodmaps

Timbale de riz, crevettes et champagne

La crevette est riche en zinc (propriétés antioxydantes), en cuivre (solidité des os), mais aussi en vitamines du groupe B.

Le champagne ajoute une petite touche élégante que vous pouvez poursuivre en mettant quelques œufs de saumon ou de lump sur les timbales au moment du service.

Ingrédients

Riz préparé à l'avance
500 g de crevettes
Environ 120 ml de champagne
1 c. à soupe d'huile d'olive
½ c. à café d'ail en poudre
Paprika
Sel, poivre

Préparation

1. Faites revenir les crevettes à feu vif dans une poêle avec l'huile d'olive. Salez, poivrez et saupoudrez de paprika.
2. Ajoutez le champagne jusqu'à mi-hauteur. Remuez en raclant les sucs de cuisson.
3. Servez avec le riz aux petits légumes réchauffé à feu doux.
4. Dégustez sans plus tarder, car les crevettes ne supportent pas d'être réchauffées.

4 pers.

15 min

6 min

Rapide

Facile

Sans gluten

Cocktail de crevettes roses et mangue

Le saviez-vous ? Les crevettes contiennent des stéreols qui permettent d'excréter plus de cholestérol que les crevettes n'en apportent. Auparavant déconseillées aux personnes souffrant d'hypercholestérolémie, elles sont maintenant tout à fait recommandées.

Ingrédients

400 g de crevettes roses sauvages surgelées
200 g de champignons frais de Paris
1 mangue bien mûre taillée en gros dés
200 g de crabe en boîte ou de thon au naturel
1 branche de céleri taillée en dés
2 c. à soupe de soyonnaise
Tabasco
Ketchup
Un trait de crème fleurette à 15 %
1 c. à soupe d'huile d'olive
1 petit bout de gingembre frais haché menu ou du gingembre confit haché
Le jus de 2 citrons

Préparation

1. Émincez les champignons frais. Arrosez-les avec le jus d'1 citron pour ne pas qu'ils noircissent.
2. Ajoutez les dés de céleri et de mangue, puis la boîte de crabe ou de thon. Ajoutez le gingembre, mélangez le tout.
3. Arrosez de quelques gouttes de tabasco et de ketchup, un trait de crème fleurette. Remuez jusqu'à obtenir une sauce bien lisse.
4. À la poêle, saisissez vos crevettes encore surgelées 6 minutes à feu vif dans l'huile d'olive.
5. Dressez dans 4 verrines individuelles : déposez en couches successives la sauce, 4 crevettes, un peu de mélange. Décorez chaque verrine d'une feuille de céleri. Miam !

Thon grillé au poivre

1 pers.
15 min
10 min

Rapide
Facile
Sans gluten
Sans lactose
Fodmaps

Le thon est une très bonne source de phosphore et de protéines d'excellente qualité… Il est ici préparé le plus simplement du monde : juste grillé avec du poivre. Miam !
Attention : comme le thon est un gros poisson carnivore en fin de chaîne, sa teneur en mercure, dioxines et PCB est relativement élevée. Les recommandations sont de ne pas consommer de thon sauvage plus de deux fois par mois.

Ingrédients

1 pavé de thon
1 poignée d'épinards
1 petit ramequin de nouilles de riz chinoises cuites
1 mélange de 3 poivres fraîchement moulus
Huile de colza
Sel

Préparation

1. Badigeonnez le pavé de thon d'huile au pinceau. Salez et poivrez copieusement si vous aimez.
2. Faites griller le pavé 3 minutes de chaque côté, le temps de cuisson variant en fonction des goûts et de l'épaisseur.
3. Faites revenir les épinards dans un peu d'huile.
4. Déposez les nouilles bien chaudes sur une assiette creuse avec un peu de leur jus de cuisson.
5. Posez dessus les épinards et terminez par le pavé de thon coupé en deux. Il ne vous reste plus qu'à vous régaler !

DÉTOX ATTAQUE ÉQUILIBRE BOOSTER

4 pers.

15 min

15 min

Rapide

Facile

Sans gluten

Lieu noir aux 3 poivrons et sauce fromage

Le lieu noir est aussi parfois appelé colin en France et goberge au Canada. C'est un poisson très maigre, seulement 2 % de bonnes graisses. Il est néanmoins riche en protéines, en phosphore et en sélénium. Associé aux poivrons riches en vitamine C, c'est un plat super-santé !

Ingrédients

4 darnes de lieu
¼ de poivron rouge taillé en dés
¼ de poivron vert taillé en dés
¼ de poivron jaune taillé en dés
Fromage blanc à 0 %
Huile d'olive
Moutarde
Vinaigre balsamique
Persil ciselé ou ciboulette ciselée
Sel, poivre

Préparation

1. Faites 4 papillotes avec les darnes et en répartissant les dés de poivrons.
2. Ajoutez le persil ciselé. Salez et poivrez.
3. Enfournez 15 minutes à 200 °C (th. 6-7).
4. Pendant ce temps, préparez la sauce : battez votre fromage blanc avec un peu de vinaigre balsamique et la moutarde. Salez, poivrez et ajoutez vos herbes ciselées.
5. Ouvrez les papillotes et répartissez dans les assiettes.
6. Répartissez la sauce au fromage suivant le goût de chaque convive.

Médaillon de lotte aux chanterelles

4 pers.

40 min

20 min

Rapide

Facile

Sans gluten

Sans lactose

La chanterelle, au-dela d'être un très joli champignon, apporte un excellent niveau de vitamine D (50 gr apportent 30 % de nos AJR) et du fer assimilable. C'est aussi vrai pour la vaste majorité des champignons. Ce plat est aussi un plat « chic » , et peut tout à fait faire l'affaire pour un dîner entre amis !

Ingrédients

4 morceaux de lotte (600 g)
100 g de chanterelles ou autres champignons
100 g d'artichauts surgelés ou en boîte
100 ml de vin blanc sec
1 c. à soupe de margarine non hydrogénée
1 c. à café de câpres
3 échalotes hachées
1 c. à soupe de crème soja
Persil plat haché
Sel, poivre blanc de préférence

Préparation

1. Faites cuire à la vapeur les artichauts et ajoutez-les à la sauteuse. Mélangez délicatement et laissez cuire durant 5 minutes. Vérifiez la cuisson avec la pointe d'un couteau et rectifiez l'assaisonnement si nécessaire.
2. Pendant ce temps-là, faites revenir les échalotes hachées dans une large sauteuse pendant 10 minutes.
3. Ajoutez les filets de lotte et le vin blanc. Salez, poivrez. Au bout de 5 minutes, ajoutez les chanterelles. Mélangez.
4. Au moment de servir, ajoutez la crème fraîche au fond de la sauteuse pour rallonger la sauce. Parsemez de persil haché.
5. Servez bien chaud avec un peu de riz sauvage ou une pomme de terre vapeur.

1 pers.

20 min
+ 1 h pour la marinade

15 min

Facile

Sans lactose

Pain pita de la mer

Les maquereaux sont tellement bons pour notre santé ! Une étude a été menée par le Atherosclerosis Journal *en 1985-1986 et a démontré que des personnes souffrant de problèmes de pression artérielle amélioraient grandement leur condition en consommant régulièrement du maquereau (pour l'étude, il s'agissait de maquereau en boîte, tous les jours, pendant huit mois).*

Ce poisson est moins chargé en mercure et dioxines que les gros carnivores comme le saumon, l'espadon ou le requin. On peut donc le consommer régulièrement.

Ingrédients

1 pain pita (complet de préférence)
2 filets de maquereau nature
2 oranges
1 oignon nouveau
Persil plat, basilic ou coriandre
Huile d'olive
1 petit piment rouge (facultatif)
Sel, poivre

Préparation

1. Épluchez à vif une orange et réservez les suprêmes.
2. Pressez la seconde orange. Mélangez le jus avec 2 c. à soupe d'huile d'olive et avec l'aromate de votre choix ciselé. Réservez à part 2 cuillères à soupe de la marinade.
3. Faites mariner les filets de maquereaux 1 heure dans le reste de la marinade.
4. Faites griller les maquereaux à la poêle, puis disposez-les dans une assiette sur le fond du pain pita, dédoublé.
5. Décorez avec les quartiers d'orange, l'oignon nouveau émincé et le piment.
6. Salez, poivrez et arrosez avec les 2 cuillères à soupe de marinade réservées.

Vous pouvez le déguster dans l'assiette, ou, si vous êtes pressée, refermer le dessus du pain pita et le manger « sur le pouce » comme un sandwich.

Astuce

Ne pas préparer ce plat à l'avance. En effet, les jus du maquereau et des oranges font perdre de sa substance au pain pita qui s'émiette très vite.

Lapin au miel

2 pers.

30 min
+ 4 h de marinade

45 min

Facile

Sans gluten

Sans lactose

Paléo

Au même titre que toutes les autres viandes blanches (poulet, dinde, veau...), le lapin a l'avantage d'être peu calorique (190 kcal pour 100 g). Avec une proportion de lipides comprise entre 5 et 10 %, la viande de lapin, maigre, est une alliée idéale dans la lutte contre le cholestérol grâce à son apport non négligeable en oméga-3.
La viande de lapin est riche en vitamine B12, et une portion apporte du sélénium (46 % de notre AJR), un minéral que le corps transforme en antioxydant, et du phosphore (22 % de notre AJR).

Ingrédients

2 belles cuisses de lapin
1 c. à soupe de miel liquide
2 c. à soupe d'huile d'olive
1 oignon paille émincé
50 ml de sauce soja
50 ml de jus de citron
Sel, poivre

Préparation

1. Faites tiédir le miel dans une casserole. Ajoutez le jus de citron et la sauce soja.
2. Mettez les cuisses de lapin dans un plat creux et versez cette marinade dessus. Couvrez de film plastique et laissez mariner tout l'après-midi au réfrigérateur.
3. Égouttez les cuisses de lapin, en conservant la marinade, et faites-les dorer à la poêle dans l'huile d'olive, puis ajoutez l'oignon et la marinade. Salez et poivrez.
4. Laissez cuire de 15 à 20 minutes à feu doux, en retournant les cuisses régulièrement. Ajoutez un peu d'eau si besoin.
5. Servez aussitôt avec des petits pois frais, une purée des pommes de terre ou des pâtes complètes fraîches.

8 pers.

1 h 30

1 h 15

Facile

Quiche paysanne printanière

Une recette très gourmande pour les jours où l'on veut se titiller les papilles avec un petit goût riche qui nous rappelle notre enfance et les dimanches à la campagne.

Ingrédients

1 pâte brisée
120 g de petits pois (frais ou congelés)
120 g de maïs (frais ou congelés)
280 g de fleurons de brocoli (frais ou congelés)
60 g de lard fumé
5 œufs
375 ml de lait écrémé
1 mozzarella allégée
1/8 de c. à café de noix de muscade
Sel, poivre noir moulu

Préparation

1. Préchauffez votre four à 180 °C (th. 6).
2. Faites cuire à la vapeur le brocoli 10 à 15 minutes ou jusqu'à tendreté.
3. Coupez le lard en petits morceaux et faites-les revenir dans une poêle à revêtement antiadhésif, sans matières grasses, jusqu'à ce qu'ils soient dorés.
4. Tapissez un plat de cuisson de papier sulfurisé, déroulez la pâte et piquez-la avec une fourchette. Faites-la précuire pendant 10 minutes. Retirez du four.
5. Dans un grand bol, fouettez les œufs, les épices et le lait. Puis ajoutez la mozzarella et mélangez bien.
6. Versez les petits pois et le maïs sur la pâte. Ajoutez le brocoli et le lard. Versez l'appareil sur les légumes uniformément.
7. Enfournez 45 minutes. Si la partie supérieure de la tarte devient trop dorée, couvrez après 30 minutes avec de l'aluminium pour le reste du temps de cuisson.
8. Vous pouvez servir cette tarte chaude ou froide avec un mesclun assaisonné avec une vinaigrette à l'ail.

Pâté de canard aux pistaches et figues

8 pers.

2 h 30
+ 48 h de réfrigération

2 h 10

Sans lactose

La chair du canard est riche en acides gras mono-insaturés (comme celle de l'oie), dont la composition se rapproche de celle de l'huile d'olive, ce qui lui confère des propriétés bénéfiques pour la santé. Une alimentation riche en graisses mono-insaturées permet en effet d'aider à prévenir les maladies cardio-vasculaires. Elle agit aussi sur la sécrétion d'insuline, ce qui est bénéfique aux personnes souffrant de diabète de type 2. À consommer tout de même avec modération, mais avec plaisir !

Ingrédients

2 magrets de canard
250 g de veau haché maigre
6 figues séchées
80 g de pistaches non salées
2 échalotes
100 ml de cognac
30 g de chapelure
2 œufs
30 g de margarine non hydrogénée
1 pincée de quatre-épices
Sel, poivre

Préparation

1. Préchauffez le four à 150 °C (th. 5).
2. Faites revenir les échalotes émincées dans la margarine.
3. Éliminez la peau des magrets et coupez-les en morceaux. Hachez-les puis mettez-les dans un saladier.
4. Ajoutez le veau, les échalotes, le cognac, les œufs, la chapelure, le quatre-épices, le sel et le poivre. Mélangez soigneusement.
5. Ajoutez enfin les figues coupées en petits dés ainsi que les pistaches.
6. Étalez la préparation dans une grande terrine. Mettez le couvercle de la terrine (ou couvrez d'aluminium ménager).
7. Placez au bain-marie et enfournez pour 2 heures.
8. Placez la terrine 48 heures au frais avant de la déguster et consommez-la dans les 4 jours.

4 pers.

4 h 30

4 h

Facile
Sans gluten
Sans lactose
Paléo

Pot-au-feu

Considéré comme un plat traditionnel français, le pot-au-feu est à base de bœuf cuit lentement au bouillon avec des légumes. Autrefois, le pot-au-feu cuisait en continu dans les maisons, dans une grande marmite au-dessus du feu. On ajoutait des ingrédients au fur et à mesure que l'on se servait. La viande utilisée n'étant pas des plus maigres, servez-vous avec parcimonie, et appréciez chaque bouchée.

Ingrédients

500 g de viande grasse de bœuf
500 g de viande maigre de bœuf
500 g de bœuf gélatineux (comme de la queue de bœuf)
1 os à moelle enveloppé dans une mousseline pour éviter que la moelle ne se répande.
4 poireaux
4 carottes
1 branche de céleri
2 oignons
1 gousse d'ail
1 bouquet garni (persil, thym, laurier)
2 clous de girofle
Gros sel, poivre noir en grains

Préparation

1. Ficelez tous les morceaux de viande bien serrés.
2. Lavez tous les légumes. Pelez les carottes. Fendez les poireaux en deux. Pelez la gousse d'ail et retirez le germe. Pelez les oignons et piquez-en un avec les clous de girofle. Émincez le second et faites-le dorer dans une poêle antiadhésive sans matière grasse.
3. Mettez l'os à moelle et les morceaux de viande dans un grand faitout, mouillez avec environ 5 litres d'eau et ajoutez du gros sel. Portez le tout à ébullition, en écumant régulièrement. Lorsqu'il n'y a plus d'écume, ajoutez tous les légumes, les oignons, l'ail, le bouquet garni et du poivre en grains.
4. Attendez la reprise de l'ébullition, puis poursuivez la cuisson à feu doux et à couvert 3 à 4 heures, pour que la viande soit bien tendre.
5. Retirez le bouquet garni et l'oignon piqué de clous de girofle, disposez les morceaux de viande et les légumes dans un grand plat accompagné de cornichons et de moutarde.

4 pers.

15 min

45 min

Facile

Sans gluten

Sans lactose

Paléo

Chorba de poulet aux noix

Le plat préféré de ma maman ! Je sais que si je lui rends visite en hiver, elle veut toujours me faire goûter sa chorba. Un plat simple et goûtu plein de bonnes choses mais pas trop riche.

Ingrédients

4 hauts de cuisse de poulet
150 g de cerneaux de noix
200 g d'oignon émincé grossièrement
40 g de gingembre frais, haché
4 gousses d'ail hachées
250 ml de bouillon de poule
3 c. à soupe d'huile d'olive
Safran, cumin
Quelques brins de coriandre ciselée et de persil ciselé
Sel, poivre

Préparation

1. Versez l'huile dans une sauteuse. Faites revenir l'oignon émincé jusqu'à ce qu'il blondisse.
2. Ajoutez les hauts de cuisse, le safran, le cumin, le gingembre, la coriandre ciselée, le persil ciselé, le sel, le poivre et l'ail haché.
3. Mélangez soigneusement pour que la viande prenne le goût des herbes et épices. Mouillez avec le bouillon de poule et faites cuire pendant 15 à 30 minutes sur feu moyen-doux.
4. Ajustez l'assaisonnement au terme de la cuisson si nécessaire.
5. Faites griller les cerneaux dans une poêle antiadhésive. Ajoutez-les au poulet au moment de servir.

Tajine de poulet au citron confit

3 pers.

20 min

50 min

Facile

Sans gluten

Sans lactose

Paléo

Découvrez l'originalité d'un tajine au citron confit. Servez-le avec des pommes de terre vapeur, un peu de semoule complète ou du quinoa vapeur pour un plat qui devient international.

Ingrédients

3 cuisses de poulet
2 oignons
2 gousses d'ail
½ c. à café de gingembre
½ c. à café de paprika
½ c. à café de cumin
2 c. à soupe d'huile d'olive
1 citron confit
½ bouquet de coriandre hachée finement
1 pincée de safran
1 quinzaine d'olives vertes dénoyautées
Le jus de ½ citron
Sel, poivre

Préparation

1. Mettez les cuisses de poulet dans une marmite avec le safran, le poivre, le gingembre, les oignons hachés, l'ail écrasé, le jus de citron et le sel.
2. Faites revenir à feu doux en remuant quelques minutes. Mouillez avec 2 grands verres d'eau et ajoutez l'huile d'olive.
3. Couvrez et laissez cuire à feu moyen, en remuant de temps en temps, environ 30 minutes. Vérifiez la cuisson avec la pointe d'un couteau et prolongez le temps de cuisson si nécessaire. Lorsque le poulet est bien cuit, retirez-le de la marmite et réservez.
4. Ajoutez le paprika, le cumin et la coriandre. Laissez réduire la sauce, ajoutez la moitié du citron confit coupé en lamelles et les olives. Laissez mijoter 5 minutes afin que la sauce épaississe.
5. Déposez les cuisses dans un plat à four. Faites-les dorer.
6. Disposez les cuisses dorées dans un plat à tajine. Arrosez-les de sauce et décorez de tranches de citron confit. Servez bien chaud.

Clafoutis aux petits pois

5 pers.

15 min

20 min

Rapide

Facile

Sans gluten

Comme je suis allergique aux cerises, un jour j'ai fait joujou avec mes ingrédients pour voir si je pouvais créer un clafoutis salé. Le résultat est un plat printanier très simple, complet et rapide qui, de plus, se congèle très bien.

Ingrédients

220 g de petits pois frais ou surgelés
150 g de jambon blanc en cubes
50 g de fromage râpé ou de soja
2 œufs
4 c. à soupe de farine bise
150 ml de lait écrémé ou de soja
1 gousse d'ail réduite en purée
Sel, poivre

Préparation

1. Répartissez les petits pois dans des plats à gratin individuels. Ajoutez les cubes de jambon.
2. Dans un saladier, mélangez les œufs, la farine, le lait, l'ail, le sel et le poivre.
3. Versez ce mélange dans les plats. Saupoudrez de fromage et enfournez 20 minutes à 150 °C (th. 5).

Roulés de jambon à la macédoine

4 pers.

15 min

Sans cuisson

Rapide
Facile
Sans gluten
Sans lactose
Fodmaps
Paléo
Cru

Un grand classique servi aux enfants pour leur faire manger des légumes dissimulés dans le jambon ! Ici, nous remplaçons la mayonnaise par de la soyonnaise, pour une version plus légère.

Ingrédients

4 tranches de jambon blanc
400 g de macédoine de légumes en boîte au naturel
4 c. à soupe de soyonnaise
Poivre (pas de sel, le jambon et la macédoine en contenant déjà)

Préparation

1. Versez la macédoine, rincée deux fois (pour enlever le maximum de sel) et soigneusement égouttée dans un saladier. Ajoutez la soyonnaise et le poivre, puis mélangez bien.
2. Déposez 1 tranche de jambon sur chaque assiette et garnissez-les d'un peu de macédoine.
3. Roulez soigneusement les tranches sur elles-mêmes, en évitant que la garniture ne s'échappe.
4. Réfrigérez jusqu'au moment de déguster.

Galettes de blé noir aux poireaux

4 pers.

2 h de repos de la pâte + 35 min

40 min

Végétarien

Facile

Sans gluten

La galette de sarrasin n'a pas fini de vous surprendre : voici une autre variante salée, à base de poireaux.

Ingrédients

Pour la pâte

300 g de farine de sarrasin
300 ml de lait demi-écrémé ou végétal
1 œuf
Sel, poivre

Pour la garniture

4 petits poireaux coupés en tronçons de 2 cm
120 g de cantal râpé
250 ml de béchamel au sarrasin épaisse

Préparation

1. Tamisez la farine de sarrasin. Ajoutez l'œuf battu. Ajoutez progressivement le lait puis 400 ml d'eau, en remuant au fouet. Salez puis poivrez. (La pâte est un peu plus épaisse qu'une pâte à crêpe classique, c'est normal.)
2. Laissez reposer la pâte 1 à 2 heures.
3. Faites cuire les poireaux au cuit-vapeur 20 à 25 minutes.
4. Préchauffez le four à 200 °C (th. 6-7).
5. Faites cuire 4 galettes de sarrasin.
6. Parsemez chaque galette de 30 g de cantal râpé. Garnissez avec le quart des poireaux, puis ajoutez 2 cuillères à soupe de béchamel épaisse. Rabattez les quatre côtés vers le centre, comme une enveloppe, pour fermer les galettes.
7. Mettez les 4 galettes dans un plat à gratin. Enfournez pendant 3 à 5 minutes. Servez chaud.

Tarte salée aux fonds d'artichaut

4 pers.

45 min

40 min

Végétarien

Facile

Les artichauts étant dans mon top 10 détox, j'aime les intégrer dans des recettes qui changent du sempiternel artichaut vinaigrette.

Ingrédients

10 gros fonds d'artichaut décongelés
1 pâte brisée
250 ml de crème soja ou de riz
3 œufs
15 g de margarine non hydrogénée
1 cube de bouillon de poulet ou de légumes
1 c. à soupe de parmesan râpé
Noix de muscade en poudre
Sel, poivre

Préparation

1. Préchauffez le four à 200 °C (th. 6-7).
2. Égouttez bien les fonds d'artichaut. Faites-les revenir pendant 10 minutes dans la margarine et le cube de bouillon.
3. Réduisez-en 2 en purée avec la crème. Assaisonnez à votre convenance.
4. Ajoutez les 3 œufs battus, le parmesan et mélangez bien.
5. Disposez la pâte à tarte dans le fond d'un moule avec du papier sulfurisé et piquez-la.
6. Déposez la préparation puis placez les 8 fonds d'artichaut en les faisant bien « couler » dans la préparation. Enfournez 25 minutes.

4 pers.

24 h de trempage + 30 min

2 h 30

Végétalien

Facile

Sans gluten

Sans lactose

Falafels

Les falafels sont des boulettes frites de pois chiches (on peut aussi remplacer la moitié des pois chiches par des fèves). Ils peuvent constituer un repas ou être servis en hors-d'œuvre. Ils se servent saupoudrés de persil haché et accompagnés de petits raviers de radis au vinaigre, de tomates coupées en petits dés, d'une sauce à la crème de sésame avec du citron, du sel et d'une gousse d'ail écrasée. Attention, les falafels, bien que riches en vitamines et en fibres, contiennent une quantité non négligeable d'huile. On se limitera donc à 4 falafels par personne.

Ingrédients

500 gr de pois chiches secs
3 c. à soupe de farine complète
1 bouquet de persil haché
Huile d'arachide ou d'olive pour friture
Épices à falafels (en épicerie orientale)
3 gousses d'ail
2 c. à café de cumin
1 c. à café de poivre rouge ou de paprika
½ oignon finement haché
1 bouquet de coriandre ou ½ botte de menthe fraîche
½ c. à soupe de bicarbonate de soude
Sel, poivre

Préparation

1. Faites tremper les pois chiches 24 heures dans de l'eau fraîche. Rincez plusieurs fois au cours des 24 heures.
2. Après 24 heures, mettez les pois chiches dans une marmite avec 1 cuillère à soupe de bicarbonate de soude. Recouvrez d'eau complètement et salez.
3. Portez à ébullition, puis réduisez le feu et laissez mijoter jusqu'à ce que les légumes secs soient tendres (environ 2 heures).
4. Égouttez et passez les pois chiches, le persil, l'oignon et l'ail au moulin à légumes afin d'obtenir une consistance pâteuse (ou avec des petits bouts non mixés si vous préférez une texture un peu moins lisse)
5. Pétrissez cette pâte avec du sel, du poivre, la farine, les épices à falafels et le paprika. Laissez reposer au moins 1 heure.
6. Façonnez de petites boulettes de pâte et faites-les frire dans l'huile 2 minutes environ de chaque côté, ou jusqu'à ce qu'elles prennent une couleur un peu dorée.
7. Déposez les falafels sur du papier absorbant, épongez bien l'huile, servez-les avec de la coriandre ou de la menthe, et dégustez.

Poêlée de jeunes fèves

4 pers.

10 min

1 h

Végétalien

Facile

Sans gluten

Sans lactose

Paléo

La fève est l'une des plus vieilles plantes cultivées. Elle contient des vitamines A, B et E ainsi que des nutriments comme le calcium, le cuivre, le fer, le magnésium et le potassium.

Ingrédients

400 g de fèves fraîches jeunes et tendres
100 g de pointes d'asperge fraîches ou surgelées
100 g de petits pois
1 poivron rouge coupé en petits dés
2 oignons verts coupés en petits tronçons
1 oignon jaune émincé
3 tomates découpées en dés
2 c. à soupe d'huile d'olive
Sel, poivre

Préparation

1. Versez l'huile d'olive dans une sauteuse, et faites revenir l'oignon jaune jusqu'à ce qu'il soit translucide.
2. Ajoutez le poivron, les tomates et les oignons verts. Remuez bien et laissez mijoter.
3. Rincez les fèves et éboutez les cosses, mais conservez-les (seulement si ce sont des fèves jeunes et tendres, sinon, écossez-les). Coupez les cosses en petits tronçons, puis mettez-les dans la sauteuse. Salez, poivrez et remuez.
4. À mi-cuisson, ajoutez les pointes d'asperge et les petits pois. Remuez et laissez cuire encore 10 minutes.
5. Servez bien chaud.

Chili au tofu

2 pers.

20 min

30 min minimum

Végétalien

Rapide

Facile

Sans gluten

Sans lactose

Dérivé du soja, le tofu est perçu à juste titre comme un substitut idéal de la viande. Il constitue en effet une source de protéines d'excellente qualité nutritionnelle. Il est aussi très riche en fer et en calcium.

Ingrédients

1 boîte de haricots rouges
1 boîte de tomates pelées
200 g de tofu ferme
1 poivron rouge coupé en lamelles
1 poivron vert coupé en lamelles
1 oignon émincé
1 gousse d'ail écrasée
1 c. à café de piment doux
1 c. à café de cumin moulu
1 c. à café d'épices pour chili con carne
3 c. à soupe d'huile d'olive
Sel, poivre

Préparation

1. Coupez le tofu en tout petits cubes ou mieux, s'il est vraiment ferme, émiettez-le avec une grosse fourchette afin qu'il forme de petits grumeaux ressemblant à la consistance de la viande hachée.
2. Faites chauffer l'huile dans une casserole, et faites-y revenir le tofu jusqu'à ce qu'il commence à dorer.
3. Ajoutez l'oignon et l'ail, faites revenir quelques instants puis ajoutez les épices et les poivrons. Incorporez les tomates coupées en morceaux et leur jus.
4. Faites cuire quelques minutes et, dès que les poivrons sont tendres, ajoutez les haricots, sans les égoutter. Salez et poivrez. Laissez mijoter en ajoutant un peu d'eau si nécessaire.
5. Servez ce chili au tofu avec un peu de riz.

Astuce

Comme pour le vrai chili, celui-ci révèle plus de goûts s'il est mijoté plusieurs heures. N'hésitez donc pas à le faire la veille pour le lendemain.

Gratin d'épinards à la ricotta

4 pers.

10 min

35 min

Végétarien
Rapide
Facile
Sans gluten
Fodmaps

La ricotta est un fromage frais à faible teneur en lactose. Cette préparation laitière est donc bien supportée par les personnes sensibles au lactose. Associée à des épinards, elle compose une combinaison protéines/fibres gagnante !

Ingrédients

700 g d'épinards frais (ou 500 g si surgelés)
100 g de ricotta
1 œuf
1 pincée de noix de muscade râpée
Margarine non hydrogénée
Sel, poivre blanc

Préparation

1. Préchauffez le four à 240 °C (th. 8).
2. Faites cuire les épinards dans 250 ml d'eau bouillante salée pendant 5 minutes. Égouttez-les puis pressez-les dans une passoire pour en retirer toute l'eau. Si vous utilisez des épinards surgelés, passez-les dans l'eau bouillante pendant 2 minutes puis égouttez-les. Ensuite, traitez-les comme les épinards frais.
3. Mélangez la ricotta avec l'œuf et la noix de muscade.
4. Ajoutez les épinards et mixez à l'aide d'un mixeur à bras.
5. Beurrez légèrement 4 petites cocottes allant au four et remplissez-les avec la préparation.
6. Faites les cuire 20 à 25 minutes au four avec le couvercle, puis découvrez-les pour les 5 dernières minutes de cuisson en mode gril pour faire dorer la croûte.

1 pers.

25 min

20 min

Végétarien

Rapide

Facile

Sans gluten

Sans lactose

Croquettes de patates douces

Les patates douces sont une source très importante de vitamine A. Une portion couvre, en effet, 90 % de nos besoins quotidiens. Si on y ajoute un peu de matière grasse, comme dans cette recette, notre corps peut métaboliser encore plus de bêta-carotène.

Ingrédients

100 g de purée de patate douce (ou si pas de purée disponible, faire cuire les patates douces pelées et coupées en cubes pendant 10 min à la vapeur et les écraser)
20 g de maïzena
¼ d'oignon
1 cm de gingembre
1 œuf
Huile d'olive
Sel, poivre

Préparation

1. Mixez finement l'oignon avec le gingembre. Faites-les revenir dans 1 cuillère à soupe d'huile d'olive pendant quelques minutes, puis réservez.
2. Mélangez la purée avec la farine, l'œuf et la préparation à l'oignon.
3. Assaisonnez et façonnez 4 galettes.
4. Faites les revenir dans une poêle avec un peu d'huile d'olive 5 minutes de chaque côté.
5. Réservez-les sur du papier absorbant et dégustez.

Gnocchis printaniers

4 pers.

30 min

30 min

Végétarien

Facile

Sans gluten

Une version pleine de soleil pour fêter le printemps, avec des ingrédients riches en vitamines et en fibres. Bien que bon pour la santé, ce plat est assez riche, donc on évite de tout manger en solo.

Ingrédients

500 g de pommes de terre
1 boîte de tomates pelées
150 g de haricots verts, rincés et équeutés
Pousses d'épinard
1 œuf
125 g de farine sans gluten (un mélange pour gâteau sans gluten fera l'affaire. Évitez d'utiliser de la farine de sarrasin car le goût en sera trop prononcé)
60 g de parmesan râpé
10 feuilles de basilic
1 c. à soupe d'huile d'olive
1 c. à café d'herbes de Provence
Sel, poivre

Préparation

1. Faites cuire à 210 °C (th. 7) les pommes de terre au four avec la peau environ 20 minutes (mais le temps varie selon leur taille).
2. Pendant ce temps, faites cuire à feu doux les haricots verts dans la tomate avec le basilic émincé, les herbes de provence et 1 cuillère à soupe d'huile d'olive. Laissez mijoter pendant toute la durée de la recette.
3. Une fois les pommes de terre cuites, prélevez la chair et écrasez-la avec une fourchette. Faites un puits et versez-y l'œuf battu, la farine et le parmesan. Mélangez bien et assaisonnez.
4. Une fois les ingrédients bien mélangés, formez une boule de pâte et faites-la rouler jusqu'à ce qu'elle soit sèche au toucher.
5. Puis, roulez-la pour en faire un long serpent et coupez-la en petits bouts. Confectionnez les gnocchis à l'aide d'une fourchette.
6. Portez à ébullition de l'eau salée et plongez-y les gnocchis pendant 5 minutes. Ils sont cuits lorsqu'ils remontent à la surface.
7. Servez-les mélangés avec la préparation à la tomate. Poivrez et accompagnez de pousses d'épinard en salade.

Tarte fine tomates et pommes

6 pers.

20 min

40 min

Végétalien

Facile

Sans lactose

L'acidité de la tomate et la douceur de la pomme dans une tarte qui séduira toute la famille ! Le mélange est surprenant mais devrait titiller vos papilles et plaire à vos invités.

Ingrédients

1 pâte brisée
4 tomates
3 pommes
1 poivron rouge
1 gousse d'ail
Le jus de ½ citron
Quelques brins de thym
3 c. à soupe d'huile d'olive
1 c. à café de sucre en poudre
Beurre et farine pour le moule
Sel, poivre

Préparation

1. Étalez la pâte brisée dans un moule à tarte beurré et fariné. Piquez-la avec une fourchette.
2. Pelez les pommes, tranchez-les et arrosez-les de jus de citron. Rincez et tranchez les tomates. Détaillez le poivron en lamelles.
3. Préchauffez le four à 180 °C (th. 6).
4. Faites chauffer 1 cuillère à soupe d'huile d'olive et faites revenir le poivron avec la gousse d'ail écrasée durant 10 minutes.
5. Couvrez le fond de tarte, en alternance, de tranches de tomate, de pomme et de poivron. Salez, poivrez, saupoudrez de sucre, parsemez de thym et versez le reste d'huile d'olive en filet.
6. Enfournez pour 30 minutes, ou jusqu'à ce que la tarte soit bien dorée. Dégustez !

Fricassée de soba, sauce soja au miel de sarrasin

4 pers.

20 min

35 min

Végétarien

Rapide

Facile

Sans gluten

Sans lactose

Voici une recette sucrée-salée qui met le sarrasin à l'honneur dans un plat gourmand au goût asiatique.

Ingrédients

200 g de pâtes de sarrasin ou soba
1 poivron rouge épépiné et coupé en petits dés
200 g de pois gourmands effilés et coupés en deux
½ chou chinois émincé
Bouillon de légumes ou de volaille
1 oignon paille émincé
1 gousse d'ail hachée menu
Gingembre
2 c. à soupe de sauce soja
1 c. à café de miel de sarrasin (ou toutes fleurs)
1 c. à soupe d'huile d'olive

Préparation

1. Faites cuire les soba *al dente* dans le bouillon (suivre les indications du paquet). Égouttez-les en gardant un peu de bouillon.
2. Faites revenir l'oignon dans l'huile d'olive 5 minutes dans une sauteuse.
3. Ajoutez l'ail et, après 2 minutes, les dés de poivron.
4. Ajoutez les pois gourmands après 5 minutes de cuisson. Et enfin, le chou émincé avec un peu de bouillon.
5. Quand le chou s'est bien affaissé dans la poêle, ajoutez les soba. Faites encore cuire 5 minutes.
6. Mélangez la sauce soja et le miel de sarrasin et ajoutez-les dans la poêle. Servez après encore 5 minutes de cuisson.

1 pers.

10 min

Sans cuisson

Végétalien

Rapide

Sans gluten

Sans lactose

Paléo

Fodmaps

Cru

Élixir d'antioxydants

Idéale après des agapes, cette infusion parfumée vous permettra de terminer un repas riche sur une note épicée sucrée. Riche en antioxydants, cette boisson est aussi une belle source de vitamines A et C et de manganèse grâce à la cannelle.

Ingrédients

60 ml de thé
50 ml de jus de canneberge
40 ml de jus de raisin
8 litchis
1 bâton de cannelle

Préparation

1. Mixez les litchis sans la coque ni le noyau
2. Mélangez les différents jus et le thé avec la pulpe de litchi.
3. Servez frais avec le bâton de cannelle.

4 pers.

15 min

Sans cuisson

Végétalien
Rapide
Facile
Sans gluten
Sans lactose
Paléo
Cru

Boules surprises à la coco

La communauté scientifique a des avis partagés quant aux qualités nutritionnelles de la noix de coco. En effet, d'un coté elle est excessivement riche en graisses saturées (ce que nous pensons être mauvais pour notre système cardio-vasculaire) mais de l'autre, des études sérieuses ont mis en évidence que les graisses de l'huile de noix pouvaient entraîner une amélioration du ratio LDL/HDL (ça, c'est bon pour nous !) ainsi qu'une réduction de notre appétit. Dans le doute, on se fait plaisir un peu sans exagérer, une boule surprise au dessert et hop ! cela suffira.

Ingrédients

4 bananes
8 à 12 petites prunes
Noix de coco râpée
4 c. à soupe d'huile de coco vierge (elle n'est jamais liquide mais toujours solide)
6 à 8 c. à soupe de farine de noix de coco

Préparation

1. Pelez les bananes et écrasez-les à la fourchette dans un grand bol avec l'huile de coco.
2. Ajoutez progressivement la farine jusqu'à l'obtention d'une boule de pâte pas trop sèche.
3. Lavez, équeutez et dénoyautez les prunes. Coupez-les en 2 en prenant soin de conserver les moitiés ensemble.
4. Rassembler les 2 moitiés d'une prune ensemble et couvrez-les de pâte jusqu'à la formation d'une boule.
5. Roulez-la dans la noix de coco râpée.
6. Procédez de même jusqu'à épuisement des ingrédients. Réservez au frais pour que les boules durcissent légèrement.

Cottage cheese à la banane et au miel

1 pers.

5 min

Sans cuisson

Végétarien

Rapide

Facile

Sans gluten

Cru

J'adore le cottage cheese*! C'est un produit laitier tellement spécial qu'il n'y a même pas de traduction en français. L'avantage du* cottage cheese*, c'est que son index glycémique est très faible. C'est donc un produit idéal lorsque l'on souhaite mincir. La banane apporte du potassium pour vous aider à refaire le plein d'électrolytes perdus pendant l'effort. Bon appétit!*

Ingrédients

1 petit pot de *cottage cheese* à 0 % ou allégé (ou du fromage en faisselle)
1 c. à soupe de miel liquide non filtré
1 banane
Quelques baies (pour la décoration)

Préparation

1. Versez le *cottage cheese* dans un petit bol.
2. Ajoutez la banane coupée en tranches, les baies et le miel liquide. Dégustez!

Palets au chocolat

8 pers.

30 min
+ 2 h de repos en tout

10 min

Végétarien

Facile

Sans gluten

Sans lactose

Fodmaps

Voici une petite recette que j'ai créée un jour où j'avais fait des granola cupcakes et où il me restait de la base à cupcake. La taille des palets est parfaite pour accompagner une tasse de thé ou un expresso !

Ingrédients

340 g de granola nature (pas la version crunchy)

2 tablettes de chocolat au lait ou noir à faire fondre (on n'utilise pas tout ! La plus grande quantité rend juste le nappage plus facile)

3 c. à soupe d'huile de noix de coco (dosage très précis)

3 c. à soupe de sucre brun

1 œuf

1 c. à soupe d'huile de colza

Un petit moule pour former des palets de 1,5 cm à 2 cm de diamètre

Préparation

1. Préchauffez le four à 170 °C (th. 5-6). Mélangez l'huile de coco, le sucre et l'œuf. Puis incorporez le granola et mélangez bien.
2. Étalez du papier de cuisson sur une plaque. Puis, à l'aide du petit moule, formez des palets (mettre le mélange et bien le presser à l'aide d'une cuillère, puis démouler doucement).
3. Enfournez pendant 6 minutes ou un peu plus, jusqu'à ce que le dessus des palets soit doré mais pas plus (avec mon four, c'est précisément 6 minutes et 30 secondes !).
4. Laissez refroidir. Vous pouvez accélérer le refroidissement en les mettant au réfrigérateur.
5. Faites fondre le chocolat au bain-marie avec l'huile de colza. Dès qu'il est fondu (ne pas le laisser traîner une fois fondu), prenez à l'aide d'une pince chaque palet et trempez la partie supérieure (celle qui est inégale, par opposition à la base qui est bien lisse), puis retournez le palet sur la partie lisse et laissez sécher sur du papier sulfurisé. Répétez l'opération pour chaque palet.
6. Une fois tous les palets nappés de chocolat, placez-les au réfrigérateur. Ceux-ci se conservent 5 jours au frais.

Variante à la noix de coco

Ajoutez 3 cuillères à soupe de flocons de noix de coco dans le chocolat fondu. Après avoir nappé les palets, déposez quelques flocons par-dessus.

Gâteau moelleux au pamplemousse

6 pers.

1 h

40 min

Végétarien

Facile

Sans lactose

Le pamplemousse représente une source d'antioxydants intéressante : vitamine C, provitamine A, flavonoïdes sont autant de principes actifs qui permettent d'éloigner le spectre de nombreuses maladies dégénératives, donc le vieillissement prématuré. Un délicieux gâteau qui fond dans la bouche, mais qui est assez riche. Donc on se permet une petite part pour se faire plaisir, et on cache le reste pour ne pas être tentée.

Ingrédients

1 pamplemousse jaune bio
1 pamplemousse rose bio
125 g de beurre ramolli
115 g de farine
150 g de sucre glace
2 œufs
2 c. à soupe de Mandarine Impériale ou de Cointreau
½ sachet de levure chimique

Préparation

1. Prélevez le zeste du pamplemousse jaune à l'économe et prélevez son jus. Blanchissez le zeste 2 fois 3 minutes dans 2 eaux différentes pour en ôter l'amertume. Hachez-le finement au couteau.
2. Préchauffez le four à 180 °C (th. 6).
3. Travaillez le beurre en pommade, puis ajoutez 100 g de sucre glace, les œufs, un à un, la farine, le jus de pamplemousse, son zeste et la levure.
4. Travaillez la pâte, qui doit être onctueuse et sans grumeaux.
5. Beurrez un moule à manqué de 22 cm et garnissez-le de pâte. Faites cuire le gâteau 35 minutes.
6. Laissez-le tiédir quelques minutes et démoulez-le sur un plat légèrement creux.
7. Pressez le pamplemousse rose et mélangez le jus au sucre glace restant et à la Mandarine Impériale.
8. Arrosez le gâteau encore tiède de ce jus sucré pour qu'il s'en imprègne. Parsemez-le de petits grains de pulpe de pamplemousse.

Cookies au chocolat et au thé matcha

6 pers.

40 min

12 min

Végétarien

Rapide

Facile

Sans lactose

Yum ! Le jour où j'ai réussi à réunir dans une seule recette deux de mes saveurs préférées, ce fut le bonheur ! C'est chose faite avec ces petits cookies où j'associe le thé matcha du Japon avec du chocolat au lait, mon préféré.

Un petit cookie pour quand une envie de douceur vous prend, voire deux et hop ! on se fait plaisir sans faire pencher la balance du mauvais côté.

Ingrédients

100 g de pépites de chocolat au lait
1 banane mûre
110 g de farine de blé
110 g de farine de riz
120 g de cassonade
125 g de beurre
5 c. à soupe de thé matcha
½ sachet de levure chimique
1 pincée de sel

Préparation

1. Préchauffez le four à 180 °C (th. 6).
2. Mélangez les farines, le matcha, la levure, le sel et les pépites de chocolat.
3. Malaxez à la main le beurre avec la cassonade et la banane écrasée.
4. Réunissez les deux préparations en mélangeant bien.
5. Formez les cookies et déposez-les sur une plaque de papier sulfurisé.
6. Enfournez 12 minutes et laissez refroidir sur une grille.

4 pers.

20 min
+ 2 h de réfrigération

15 min

Végétalien

Facile

Sans gluten

Sans lactose

Fodmaps

Crème au chocolat

Une crème au chocolat version vegan pour se faire plaisir ou satisfaire un invité végétalien. Cette recette ultra facile se conserve cinq jours au réfrigérateur et peut donc être préparée à l'avance pour un repas chic à la maison.

Placée au congélateur, cette crème se transforme en préparation glacée très agréable les jours chauds d'été.

Ingrédients

100 g de chocolat noir pâtissier

500 ml de lait de soja

3 c. à soupe de sucre roux

1 sachet (2 g) d'agar-agar en poudre (en magasins bio)

1 c. à café de gingembre en poudre (ou de la cannelle, des zestes d'orange… pour un mariage raffiné)

Préparation

1. Dans une casserole à fond épais, faites fondre très doucement le chocolat dans le lait de soja et ajoutez le sucre. Le chocolat doit fondre, mais le lait ne doit pas bouillir.
2. Lorsque le chocolat est complètement fondu, ajoutez l'agar-agar et le gingembre. Puis portez doucement à ébullition.
3. Laissez ensuite frémir une minute, puis versez dans 4 petits ramequins.
4. Faites prendre au moins 2 heures au réfrigérateur. Dégustez bien frais.

4 pers.

15 min

Sans cuisson

Végétalien*

Végétarien

Rapide

Facile

Sans gluten

Sans lactose*

Paléo*

Fodmaps

Cru

Velouté de fraise

Ce mélange vous procurera du calcium, de la vitamine C et d'autres antioxydants. Une portion de 150 g de fraises fraîches couvre presque 100 % des apports journaliers recommandés en vitamine C !

Ingrédients

400 g de fraises fraîches

500 g de yaourt nature (au bifidus par exemple) ou version vegan (noix de coco, amande, soja)

6 feuilles de menthe

3 c. à soupe de stevia

Préparation

1. Lavez et coupez les fraises en morceaux.
2. Mettez-les dans un mixeur avec le yaourt, les feuilles de menthe et la stevia. Mixez.
3. Il ne vous reste plus qu'à servir et déguster !

Compotée de banane et noix de coco

4 pers.

10 min

30 min

Végétalien

Rapide

Facile

Sans gluten

Sans lactose

Paléo

Fodmaps

Une compote pomme-banane que j'agrémente d'un peu de noix de coco râpée. Dé-li-cieux ! Le plein garanti de fibres, de vitamine C et de potassium.

Ingrédients

10 petites pommes golden bio
2 petites bananes bio bien mûres
3 c. à soupe de noix de coco râpée non sucrée
Le jus de 1 citron
1 c. à soupe de miel de thym (ou tout autre miel)
1 gousse de vanille

Préparation

1. Pelez et coupez les pommes en morceaux. Mettez-les dans la casserole.
2. Ajoutez la banane pelée en tranches, 1 verre d'eau et le jus de citron, la vanille fendue avec ses grains, la noix de coco et le miel.
3. Faites cuire à feu doux jusqu'à ce que les pommes soient bien tendres.
4. Écrasez les fruits à la fourchette et servez tiède.

4 pers.

5 min

30 min

Végétalien

Rapide

Facile

Sans gluten

Sans lactose

Fodmaps

Yaourt stracciatella

Un petit dessert gourmand avec une touche de chocolat pour finir un repas sans faire pencher la balance du mauvais côté.

Ingrédients

3 carrés de chocolat noir pâtissier
4 yaourts brassés nature (au lait de vache ou végétal)
3 sachets de stevia, ou 3 c. à soupe de miel ou agave
½ c. à café d'extrait de vanille
2 feuilles de menthe pour décorer

Préparation

1. Dans un récipient, mélangez les yaourts et le produit sucrant de votre choix.
2. À l'aide d'un économe, réalisez des copeaux de chocolat.
3. Incorporez les copeaux de chocolat au yaourt sucré.
4. Servez dans des verrines avec deux feuilles de menthe pour faire un joli contraste.

4 pers.

1 h

20 min

Végétarien

Sans lactose

Fodmaps

Paléo

Cru

Abricots à la fleur de lavande

L'abricot s'accorde à merveille avec la lavande. Dégustez ces petits feuilletés lors d'un brunch ou en dessert d'un dîner chic entre amis.

Ingrédients

600 g d'abricots frais bio
8 feuilles de brick
4 c. à soupe de miel
6 c. à soupe d'huile d'olive
2 c. à soupe de sucre glace
1 c. à café de fleurs de lavande de culture bio

Préparation

1. Préchauffez le four à 210 °C (th. 7).
2. Découpez 16 carrés d'environ 12 cm dans les feuilles de brick. Badigeonnez-les d'huile d'olive au pinceau sur les 2 faces et déposez-les sur une plaque du four. Enfournez et laissez dorer 3 minutes.
3. Épluchez, dénoyautez et détaillez les abricots en grosses lamelles.
4. Versez l'huile restante, le miel et la lavande dans une sauteuse à fond épais. Faites-y caraméliser les abricots, en les tournant avec une cuillère en bois. Laissez refroidir.
5. Saupoudrez les bricks de sucre puis garnissez-en la moitié d'une couche d'abricots et recouvrez-les d'une feuille de brick dorée.
6. Servez immédiatement !

Menus

Végétarien

Tarte fine tomates et pommes
Fricassée de soba, sauce soja au miel de sarrasin
Boules surprises à la coco

Party express

Blinis aux épinards et saumon fumé
Cocktail de crevettes roses et mangue
Pâté de canard aux pistaches et figues avec ses toasts
Gâteau moelleux au pamplemousse

Express

Chili au tofu
Salade de mâche
Cottage cheese à la banane et au miel

Romantique

Palmitos de saumon au cumin
Crème d'aubergine aux tomates confites avec cinq crackers sans gluten
Médaillon de lotte aux chanterelles
Palets au chocolat

Hiver

Salade d'endives
Lapin au miel
Crème au chocolat

Printemps

Verrine avocat, jambon et chèvre frais
Une galette de blé noir aux poireaux
Croquettes de patates douces
Compotée de banane et noix de coco

Été

Crème avocat concombre
Chorba de poulet aux noix
Velouté de fraise

Automne

Tajine de poulet au citron confit
Salade de pousses d'épinard
2 cookies au chocolat et au thé matcha

Booster

OBJECTIF DE CETTE PHASE :
accélérer la perte de poids et se faire un ventre plat

DANS LES FAITS :
même si nous faisons de notre mieux, les toxines nous envahissent sans relâche. Nous devons nous nettoyer périodiquement pour remettre les compteurs toxines à zéro et continuer à perdre du poids rapidement et sainement

Boost vert réveil

1 pers.

10 min

Sans cuisson

Végétalien
Rapide
Facile
Sans gluten
Sans lactose
Paléo
Cru

Voici un boost d'autant plus intéressant qu'il associe plusieurs nutriments santé qui doivent entrer dans nos habitudes alimentaires. Provitamine A et vitamine C pour une peau ferme et lumineuse, fer, potassium, calcium pour notre santé cardio-vasculaire, mais aussi cérébrale. Le gingembre vous donnera du tonus et vous aidera à mieux digérer.

Ingrédients

1 pomme avec la peau
1 grosse feuille de cardon ou 1 poignée d'épinards
1 branche de céleri
4 fraises (congelées ou fraîches, c'est tout aussi bon)
1 carotte avec la peau
1 tranche de gingembre frais pelé

Préparation

1. Pelez la racine de gingembre. Rincez et essuyez les fruits et les légumes, mais ne les pelez pas.
2. Mettez le tout dans la centrifugeuse.
3. Buvez immédiatement ce *boost*, car les antioxydants perdent de leur intensité très rapidement à l'air et à la lumière. Savourez !

Astuce

Si vous utilisez des fruits congelés, ne les passez pas dans la centrifugeuse, au risque de l'abîmer, mais ajoutez-les au jus des autres fruits frais et passez le tout au blender.

Boost melon-fraises

1 pers.

10 min

Sans cuisson

Végétalien

Rapide

Facile

Sans gluten

Sans lactose

Fodmaps

Paléo

Cru

Un délicieux boost *sucré et acidulé pour l'été ! Réservez au frais vos fruits quelques minutes avant de le préparer afin d'en faire une boisson totalement rafraîchissante.*

Ingrédients

1 orange
1 citron
1 pomme avec la peau
1 tranche de melon
5 fraises

Préparation

1. Pelez l'orange, le citron et le melon. Épépinez le melon.
2. Rincez les fraises et la pomme. Équeutez les fraises.
3. Passez le tout dans la centrifugeuse. Dégustez !

Granola cru

7 petits déjeuners

12 h de trempage + 20 min + 20 h de déshydratation

Sans cuisson

Végétalien

Facile

Sans gluten

Sans lactose

Fodmaps

Paléo

Cru

Un de mes petits déjeuners préférés pour faire le plein de minéraux et d'oméga-3 et 6, si précieux pour notre santé. Le magnésium aide à se détendre et à limiter son niveau de stress; le potassium, le calcium et les acides gras essentiels sont bénéfiques pour la santé cardiaque et circulatoire. Sans compter la vitamine E, un antioxydant puissant qui améliore la qualité de la peau et du système immunitaire. Mais attention, encore une fois: mangez ce petit plaisir en quantité raisonnable, car les fruits oléagineux sont aussi connus pour être très caloriques!

Ingrédients

375 g d'amandes trempées 12 heures au moins

125 g de graines de tournesol trempées 4 heures au moins

125 g de graines de sarrasin trempées 8 heures au moins

7 petites pommes ou papayes

7 grosses dattes

125 g de myrtilles séchées ou autres baies séchées

125 g de poudre de noix de coco

125 g de nectar d'agave

1 c. à café d'extrait de vanille

2 c. à café de cannelle

1/3 de c. à café de fleur de sel

Préparation

1. Égouttez les amandes, les graines de tournesol et les graines de sarrasin.
2. Mettez les dattes dénoyautées dans le bol de votre robot et réduisez-les en purée. Râpez les pommes et ajoutez-les à la purée de dattes. Mélangez bien. Ajoutez les amandes et les graines de tournesol réduites en miettes et le reste des ingrédients. Mélangez à nouveau.
3. Étalez des feuilles de Teflex sur les grilles de votre déshydrateur. Répartissez la préparation de granola en couches de 5 mm.
4. Enfournez vos plateaux et déshydratez pendant 12 heures à 40 °C.
5. Retournez le granola et placez-le directement sur les grilles (retirez les feuilles de Teflex), et déshydratez à nouveau 6 à 8 heures selon le degré de croustillance recherché.
6. Émiettez le granola et dégustez-le avec du lait d'amande et des baies fraîches pour un petit déjeuner riche en vitamines.

Astuce

Vous pouvez conserver ce granola dans un bocal ou une boîte à biscuits hermétique plusieurs jours.

1 pers.

5 min

Sans cuisson

Végétalien

Rapide

Facile

Sans gluten

Sans lactose

Fodmaps

Paléo

Cru

Smoothie framboises-curcuma

Une association étonnante car nous n'avons pas l'habitude de mettre des épices dans nos smoothies ou dans nos shakes. Le curcuma est une excellente source d'antioxidants bons pour notre système cardio-vasculaire. J'en prends même 1 petite cuillère à café par jour. Ce qui donne la couleur jaune au curcuma s'appelle le curcumin et est reconnu pour ses vertus anti-inflammatoires. N'hésitez pas à utiliser un peu plus de curcuma dans votre cuisine tous les jours !

Ingrédients

250 ml de lait d'amande
150 g de framboises
1 banane
½ c. à café d'extrait de vanille
½ c. à café de curcuma
1 dosette de stevia

Préparation

1. Mélangez tous les ingrédients dans un blender, mixez.
2. Ajustez la quantité de lait si nécessaire en fonction de la consistance désirée. Dégustez immédiatement.

Smoothie chocolat cru-curcuma

1 pers.

5 min

Sans cuisson

Végétalien

Rapide

Facile

Sans gluten

Sans lactose

Fodmaps

Paléo

Cru

Le curcuma, souvent appelé « safran indien », est de plus en plus à la mode aux États-Unis. J'espère qu'il va connaître le même succès en France. En effet, de nombreuses études ont demontré les effets anti-inflammatoires de cette épice. En ajouter dans un smoothie, c'est une facon de faire le plein de ses bienfaits sans avoir à cuisiner un petit plat indien plus gourmand en temps.

Attention : cette épice tache énormément. À ne pas manipuler en chemise blanche prête à partir au travail !

Ingrédients

250 ml de lait d'amande

1 banane

1 c. à soupe de chocolat cru ou de chocolat noir à 80 % et plus

½ c. à café d'extrait de vanille

2 pincées de poudre de curcuma (ou 2 petites tranches de la racine fraîche)

Préparation

1. Mettez tous les ingrédients dans le blender et mixez le tout.
2. Versez dans un verre et dégustez rapidement.

2 pers.

5 min

Sans cuisson

Végétalien
Rapide
Facile
Sans gluten
Sans lactose
Fodmaps
Paléo
Cru

Smoothie avocat-banane

Un avocat dans un smoothie sucré ne paraît pas intuitivement un bon choix, car on associe souvent l'avocat au guacamole. Néanmoins, et contrairement à ce que l'on pourrait penser, il donne une consistance onctueuse sans modifier le goût de la banane.

Ingrédients

1 avocat
2 bananes
500 ml de lait végétal
2 dosettes de stevia ou 2 c. à soupe de miel
½ citron

Préparation

1. Épluchez les ingrédients et mettez-les tous dans un blender.
2. Mixez et ajustez la quantité de lait en fonction de la consistance désirée. Dégustez aussitôt !

6 pers.

10 min + 1 h de réfrigération

Sans cuisson

Végétalien

Facile

Sans gluten

Sans lactose

Paléo

Cru

Guacamole

Une recette pleine d'ingrédients frais si riches en nutriments essentiels. L'avocat est certes riche en lipides, mais les graisses qu'il contient ne sont pas saturées et permettent d'améliorer le ratio HDL/LDL. Des études américaines récentes ont démontré que manger un demi-avocat par jour pendant 3 semaines pouvait diminuer de plus de 8 % le taux de LDL, ce que l'on appelle communément le « mauvais » cholestérol.

Ingrédients

6 avocats mûrs
¼ d'oignon
½ tomate
Coriandre fraîche
Le jus de 1 citron vert
Sel

Préparation

1. Dénoyautez les avocats et conservez un noyau.
2. Émincez finement l'oignon et la tomate (si vous en avez le temps, épépinez la tomate).
3. Écrasez et mélangez tous les ingrédients à la main (jamais au mixeur si vous souhaitez éviter l'effet « bouillie d'avocat » ; on doit sentir les différents ingrédients).
4. Ajoutez de la coriandre fraîche finement ciselée aux ciseaux ou avec un petit robot à herbes aromatiques. Salez selon votre goût.

Astuce

Si vous ne servez pas le guacamole tout de suite, remettez-y le noyau d'avocat que vous avez gardé, couvrez et conservez au réfrigérateur. Cela évitera que la préparation ne noircisse.

Chips de kale

2 pers.

30 min

12 min

Végétalien

Rapide

Facile

Sans gluten

Sans lactose

Fodmaps

Paléo

Une alternative intéressante aux chips traditionnelles, moins riches en graisses et plus riches en fibres. Une combinaison gagnante ! Le kale est une formidable source de composés antioxydants et anti-inflammatoires, quercetin et kaempférol, pour citer les deux principaux. De nombreuses recherches ont mis en évidence l'atout anti-cholestérol de ce crucifère encore peu utilisé en France.

Ingrédients

4 grandes feuilles de chou kale

1 c. à soupe d'huile d'olive

1 c. à café de sel

1 c. à soupe de parmesan râpé ou équivalent végétalien (facultatif)

Préparation

1. Allumez le four à 160 °C (th. 5-6).
2. Rincez soigneusement les feuilles de kale. Séchez-les soigneusement pour éviter toute trace d'humidité.
3. Retirez la tige (trop grossière et amère). Coupez les moitiés de feuille en petits morceaux.
4. Placez le chou kale dans un grand saladier et ajoutez tous les autres ingrédients. Mélangez avec les mains pour que tous les ingrédients couvrent les deux côtés des petits morceaux.
5. Tapissez une plaque à pâtisserie de papier sulfurisé et étalez les morceaux de kale en prenant soin de faire en sorte qu'ils ne se touchent pas.
6. Passez au four pendant 8 à 12 minutes ou jusqu'à ce qu'ils soient croustillants.
7. Laissez reposer pendant 5 minutes.

2 pers.

15 min

Sans cuisson

Végétalien

Rapide

Facile

Sans gluten

Sans lactose

Fodmaps

Paléo

Cru

Sauce mangue citron vert

Un petit gout exotique pour accompagner une salade de kale, de mâche ou de romaine. Peut aussi être utilisée dans une salade de riz avec un peu d'ananas pour conserver le côté « en provenance des îles ».

Ingrédients

1 mangue pelée
Le zest et le jus de 1 citron vert
1 c. à café de moutarde de Dijon
1 c. à café de sucre brun
1 c. à café de sel fin
125 ml d'huile de colza
60 ml de vinaigre de riz

Préparation

1. Mélangez les 5 premiers ingrédients dans un blender à petite vitesse.
2. Ajoutez très doucement l'huile et le vinaigre dans le blender, à petite vitesse. Progressivement, augmentez la vitesse pour obtenir un mélange homogène.
3. Mettez au frais avant de déguster.

Salsa fraîche

4 pers.

15 min
+ 1 h de réfrigération

Sans cuisson

Végétalien
Facile
Sans gluten
Sans lactose
Paléo
Cru

Si vous trouvez que les piments utilisés dans cette recette sont trop piquants, retirez-en soigneusement les grains et réduisez la quantité à votre convenance.

Ingrédients

3 tomates coupées en petits dés (conservez le jus)
½ oignon rouge haché
½ piment jalapeño haché finement
½ piment serrano haché finement
Le jus de 1 citron vert
125 g de coriandre hachée
1 pincée d'origan séché
Sel, poivre

Préparation

1. Combinez tous les ingrédients dans un petit saladier, y compris le jus des tomates. Mélangez bien.
2. Réservez au frais pendant 1 heure, puis servez avec des tortillas chips de maïs pour l'apéritif.

Bouchées de saumon aux graines de sésame

1 pers.

15 min

Sans cuisson

Rapide

Facile

Sans gluten

Cru

Comme tous les poissons d'eau froide, le saumon apporte des graisses essentielles comme les oméga-3, et les graines de sésame sont une excellente source de calcium. Une combinaison gagnante !

Ingrédients

1 tranche de saumon fumé
Le jus de ½ citron jaune
2 c. à soupe de fromage de chèvre frais allégé
1 c. à café de ciboulette ciselée
1 c. à café d'aneth ciselé
1 c. à café de fromage blanc à 0 %
1 c. à soupe de graines de sésame
Poivre blanc moulu

Préparation

1. Faites mariner la tranche de saumon fumé dans le jus de citron le temps de préparer le reste de la recette.
2. Mélangez les herbes, le fromage de chèvre, le fromage blanc et le poivre blanc dans un bol.
3. Égouttez la tranche de saumon et coupez-la en 2 ou 3 lamelles. Placez les lamelles de saumon fumé sur une assiette.
4. Étalez une fine couche de préparation à base de fromage de chèvre dessus.
5. Roulez chaque lamelle pour obtenir des bouchées de saumon. Puis roulez ces bouchées dans les graines de sésame.
6. Si les bouchées ne tiennent pas, piquez-les avec des cure-dents.

12 pers.

12 h de trempage + 20 min + 48 h de déshydratation

Sans cuisson

Végétalien

Rapide

Facile

Sans gluten

Sans lactose

Paléo

Cru

Amandes teriyaki

La sauce teriyaki est une institution japonaise. Dans les restaurants japonais, vous avez sûrement dû goûter l'anguille ou le poulet sauce teriyaki. Voici ma version crue, avec des amandes, une alternative aux cacahuètes trop salées et trop grasses de l'apéritif.

Ingrédients

2 tasses d'amandes ayant trempé 12 heures (ou plus)
½ tasse de dattes émincées
¼ de tasse de Nama Shoyu (sauce soja non pasteurisée) ou de sauce soja allégée en sodium
½ gousse d'ail pressée
1 c. à café de gingembre émincé finement

Préparation

1. Rincez et égouttez les amandes.
2. Mettez les dattes, la sauce soja, le gingembre émincé et l'ail dans le bol du mixeur. Hachez le tout en une purée assez fine.
3. Versez le mélange sur les amandes et enrobez-les.
4. Répartissez les amandes sur une feuille Teflex et déshydratez-les à 38 °C pendant 24 heures.
5. Transférez-les sur une feuille classique de déshydratation et remettez-les au déshydrateur pendant 24 heures supplémentaires.
6. Sortez les amandes du déshydrateur et laissez-les reposer 15 minutes avant de les déguster.

Astuce

Ces amandes se conservent dans une boîte hermétique pendant 2 semaines.

Tapenade d'olives vertes

3 pers.

10 min + réfrigération

Sans cuisson

Rapide
Facile
Sans gluten
Sans lactose
Fodmaps
Paléo
Cru

Simple à réaliser, la tapenade maison épatera vos invités ! En effet, son goût diffère légèrement de celui de la tapenade du commerce qui est stérilisée et qui perd donc de sa texture et de ses flaveurs.

Ingrédients

200 g d'olives vertes dénoyautées
2 filets d'anchois
1 c. à soupe de câpres
1 c. à soupe d'huile d'olive
Poivre

Préparation

1. Mixez séparément les olives, les anchois et les câpres rincés. Mélangez le tout dans un bol. Ajoutez l'huile d'olive.
2. Réservez au réfrigérateur jusqu'à utilisation.

Vous pouvez la servir sur des tartines de pain grillées complet ou avec nos crackers au parmesan.

4 pers.

15 min

30 min

Végétalien

Facile

Sans gluten

Sans lactose

Paléo

Soupe de céleri-rave aux noix grillées

Le saviez-vous ? Selon certaines études, la consommation régulière de noix réduirait le risque de maladies cardio-vasculaires. Une étude réalisée auprès de 30 000 sujets a démontré que les sujets qui consommaient des noix au moins cinq fois par semaine réduisaient leur risque de problèmes coronariens de 50 % comparativement à ceux qui en mangeaient moins d'une fois par semaine.

Ingrédients

100 g de noix
1 gros céleri-rave
4 carottes
1 litre de bouillon de légumes
1 oignon émincé
1 gousse d'ail écrasée
1 feuille de laurier
Huile d'olive

Préparation

1. Faites griller les noix à sec dans une poêle, gardez-en quelques-unes pour la décoration puis écrasez les autres grossièrement.
2. Épluchez le céleri-rave et les carottes et détaillez-les en petits morceaux.
3. Faites revenir l'oignon et l'ail dans l'huile d'olive pendant 5 minutes.
4. Ajoutez les légumes et laissez revenir encore quelques minutes.
5. Recouvrez de bouillon et ajoutez le laurier et les noix. Salez et poivrez. Laissez cuire 30 minutes environ. La soupe est prête lorsque le céleri peut facilement s'écraser à la fourchette.
6. Mixez assez longuement pour bien réduire les noix en purée.
7. Servez dans des bols et décorez de quelques cerneaux de noix grillés.

Eggless salad

3 pers.

30 min

Sans cuisson

Végétalien

Rapide

Facile

Sans gluten

Sans lactose

Paléo

Cru

Le mot anglais eggless signifie « sans œuf ». En effet, si la salade aux œufs est une institution aux États-Unis, sa richesse en graisses (mayonnaise sur œufs durs) en fait un ennemi des régimes santé. En voici une version crue, bonne pour la peau et pour la ligne très prisée des femmes sur la côte ouest.

Ingrédients

125 ml d'eau
125 ml de jus de citron
1 ½ c. à café de curcuma
2 gousses d'ail pelées
1 ½ c. à café de fleur de sel
375 g de noix de macadamia ou de noix de cajou crues (trempées dans de l'eau pendant 6 h si possible)
85 g d'oignon vert ciselé
85 g de céleri en petits tronçons
85 g de poivron rouge coupé en petits dés

Préparation

1. Mixez jusqu'à obtention d'une texture onctueuse l'eau, le jus de citron, le curcuma, l'ail, la fleur de sel et les noix de macadamia dans un blender puissant.
2. Versez cette purée dans un saladier et ajoutez l'oignon, le céleri et le poivron.
3. Mélangez bien puis réservez quelques minutes au frais avant de servir.
4. Dégustez cette salade tartinée sur du pain complet toasté.

Salade d'endives bicolores au pesto

3 pers.

20 min

Sans cuisson

Végétalien
Rapide
Facile
Sans gluten
Sans lactose
Paléo
Cru

L'endive est riche en eau, en potassium et en vitamines, et ses feuilles riches en fibres favorisent le transit intestinal. Le pesto italien masque son amertume.

Ingrédients

2 endives blanches
1 endive rouge ou 1 cœur de trévise (salade rouge)
1 c. à café de graines de chanvre
1 c. à soupe de pignons de pin
1 c. à café de graines de citrouille
15 noisettes

Pour la vinaigrette au pesto
2 c. à soupe de pesto
1 c. à soupe de moutarde forte
½ gousse d'ail
Sel, poivre
2 c. à soupe de vinaigre balsamique
1 c. à soupe d'huile d'olive

Préparation

1. Rincez et séchez les endives, puis tranchez-les finement dans un saladier.
2. Ajoutez les graines de chanvre et de citrouille, les pignons de pin et les noisettes.
3. Préparez la vinaigrette en mélangeant tous les ingrédients.
4. Versez-la sur la salade et mélangez bien juste au moment de servir, car les endives perdent de leur croquant si vous les laissez mariner dans la vinaigrette.

6 pers.

30 min

30 min

Végétalien
Facile
Sans gluten
Sans lactose
Fodmaps

Soupe de courge jaune aux cerneaux de noix

La courge jaune est moins connue que sa cousine, la courgette d'été. Néanmoins, elle doit sa couleur jaune à des antioxydants puissants, donc n'hésitez pas à vous en servir comme base de recette de soupe.

Ingrédients

2 grandes courges jaunes
1 pomme de terre
2 litres de bouillon de légumes (ou de poule)
1 tasse de cerneaux de noix brutes
1 pincée de noix de muscade
1 c. à soupe de margarine non hydrogénée
Fromage râpé ou alternative végétalienne
Sel et poivre

Préparation

1. Lavez et coupez les courges en gros morceaux. Lavez, pelez et coupez une grosse pomme de terre en quatre morceaux. Placez-les dans une grande casserole avec le bouillon. Ajoutez les noix.
2. Portez à ébullition puis réduisez le feu pour laisser mijoter et faire cuire jusqu'à ce que la pomme de terre soit cuite pour pouvoir la réduire en purée.
3. Retirez du feu et laissez reposer pendant 30 minutes.
4. Utilisez un mixeur à main ou un mixeur plongeant pour réduire en purée la soupe jusqu'à la consistance désirée. Ajoutez la noix de muscade et la cuillère de margarine. Rectifiez l'assaisonnement si nécessaire.
5. Pour servir, ajoutez 1 cuillère à soupe de fromage râpé sur le dessus de la soupe et profitez-en !

Astuce

Se congèle bien ou se conserve au réfrigérateur pendant 4 jours.

Purée de carottes, pommes de terre et courge musquée

6 pers.

10 min

30 min

Végétalien

Facile

Sans gluten

Sans lactose

Fodmaps

Je suis une fan des purées qui me ramènent en enfance. C'est un peu ma « madeleine de Proust ». La courge musquée s'appelle aussi butternut squash et elle est de plus en plus facile à trouver. Néanmoins, si cet ingrédient reste introuvable là où vous habitez, rabattez-vous sur une citrouille classique.

Ingrédients

2 litres de bouillon de légumes (ou de poulet)
2 pommes de terres pelées, coupées en quartiers
2 carottes, pelées, coupées en gros morceaux
1 courge musquée de taille moyenne, pelée, coupée en cubes
1 feuille de laurier
2 c. à soupe de margarine non hydrogénée
1 c. à café de clous de girofle moulus
Sel, poivre

Préparation

1. Portez le bouillon à ébullition, ajoutez les légumes et le laurier. Portez de nouveau à ébullition puis laissez mijoter à feu doux pendant 20 minutes (ou 30 minutes si vous avez le temps de développer les saveurs encore plus).
2. Retirez du feu. Prélevez les légumes et réservez le bouillon. Mixez les légumes en purée à l'aide d'un mixeur plongeant. Si nécessaire, ajoutez un peu de bouillon pour fluidifier la purée.
3. Ajoutez 2 cuillères à soupe de margarine, le sel et le poivre selon votre goût. Mélangez bien. Vérifiez l'assaisonnement et rectifiez-le si nécessaire. Ajoutez 1 cuillère à café de clous de girofle moulus.
4. Servez avec 2 cuillères à soupe de crème végétale, en répartissant dans 6 bols.

DÉTOX

ATTAQUE

ÉQUILIBRE

BOOSTER

8 pers.

1 h

1 h

Végétalien

Rapide

Facile

Sans gluten

Sans lactose

Fodmaps

Purée de céleri aux noix de cajou

Savez-vous pourquoi les noix de cajou coûtent aussi cher ? Elles ne sont en réalité pas des « vraies » noix : chaque cajou est une graine qui reste accrochée à la pomme de l'arbre de cajou. On ne consomme pas ces pommes en Europe mais, au Brésil, elles sont très appréciées. Chaque graine, une par fruit, doit être sortie de sa coque (toxique) avant d'être conditionnée. Les noix de cajou sont les championnes toute catégorie en terme de cuivre. Une portion de noix couvre 100 % de vos besoins quotidiens.

Ingrédients

4 tasses de lait d'amande
1 litre de bouillon de légumes (ou de poule)
4 c. à soupe de fond de volaille à diluer
1 gros céleri-rave, pelé, coupé en cubes
2 grosses pommes de terre, pelées, coupées en cubes
1 tasse de noix de cajou nature (non grillées, non salées)
2 c. à soupe de son de sarrasin
2 pincées de curcuma
2 pincées de noix de muscade moulue
2 pincées de sel rose de l'Himalaya
Ciboulette (pour la décoration)

Préparation

1. Portez tous les liquides, le fond de volaille, le céleri, les noix de cajou et les pommes de terre à ébullition. Faites réduire à feu moyen et laissez mijoter pendant 45 minutes.
2. Laissez refroidir pendant 10 minutes, puis mélangez le tout avec un mixeur plongeant jusqu'à consistance lisse.
3. Ajoutez les épices puis mélangez à nouveau.
4. Servez avec de la ciboulette en brins ou ciselée pour un joli contraste de couleur.

Astuce

Cette purée se congèle très bien.

Artichauts grillés au four

4 pers.

40 min

15 min

Végétalien

Facile

Sans gluten

Sans lactose

Paléo

Un accompagnement digne d'un restaurant et un excellent ingrédient détox et anticholestérol. En effet, l'artichaut contient des composés amers (il vous suffit de goûter un artichaut cru pour le constater) qui augmentent la quantité de bile que vous produisez, et qui dit bile dit meilleure excrétion des toxines. De plus, les artichauts contiennent de l'acide férulique, un composé antioxydant qui aide à combattre les effets des radicaux libres.

Ingrédients

Artichauts poivrades (les violets)
le jus de 2 citrons
2 c. à soupe de vinaigre de cidre
Huile d'olive
Fleur de sel
Poivre

Préparation

1. Détachez les feuilles extérieures des artichauts, coupez les tiges puis découpez-les en deux dans la hauteur. Rincez-les sous l'eau froide.
2. Faites-les cuire 10 minutes dans une marmite d'eau bouillante salée avec le jus des citrons et le vinaigre.
3. Préchauffez le four th. 8 (240 °C).
4. Retirez les artichauts et égouttez-les. Enlevez, si besoin, leur foin. Disposez-les dans un plat ou dans une lèchefrite et arrosez-les d'huile d'olive face interne vers le haut.
5. Enfournez jusqu'à ce qu'ils commencent à dorer.
6. Servez chaud avec de la fleur de sel et du poivre.

Astuce

Vous pouvez également les saisir au barbecue ou à la plancha après les avoir fait mariner dans de l'huile, du citron et de l'ail écrasé.

Rillettes de sardines aux baies roses

2 pers.

10 min

Sans cuisson

Rapide

Facile

Sans gluten

Sans lactose

Fodmaps

Paléo

Cru

J'ai créé cette recette pour nos bootcampeuses portugaises qui me demandaient plus de recettes à base de sardines. Elle a plu à toute la famille. À vous de la tester ! N'hésitez pas à doubler les quantités car elle risque de partir très vite.

Ingrédients

100 g de sardines en conserve, sans peau et égouttées.
3 c. à soupe de soyonnaise
1 c. à café de poivre rose (ou « baies roses »)
1 c. à café de vinaigre de vin rouge (pas balsamique)
Aneth séché

Préparation

1. Dans un saladier, écrasez les sardines avec la soyonnaise à l'aide d'une fourchette. Ajoutez le vinaigre et écrasez à nouveau.
2. Ajoutez le poivre et l'aneth et mélangez à nouveau.
3. Servez sur du pain grillé ou, pour une occasion spéciale, dans des petites cuillères en porcelaine. Vous pouvez ajouter un peu de poivre et une pincée d'aneth en guise de décoration.

Dos de cabillaud en croûte d'herbes

4 pers.

15 min

15 min

Rapide

Facile

Sans gluten

Sans lactose

Fodmaps

Paléo

Avec une salade verte et des fruits frais en dessert, voici un exemple de plat gourmand à servir entre amis ou en famille. La chapelure à base de pain est remplacée par une chapelure à base d'amandes, ce qui donne un petit goût encore plus gourmand à ce plat.

Ingrédients

4 filets de cabillaud
1 œuf
100 g d'amandes en poudre
200 ml de crème liquide
2 c. à soupe de jus de citron
2 c. à soupe de coriandre ciselée
2 c. à soupe de persil ciselé
1 c. à café de curry
Huile
Sel, poivre

Préparation

1. Mélangez la poudre d'amande, le curry, la coriandre, le persil, le sel et le poivre dans une assiette creuse. Fouettez l'œuf en omelette dans une autre assiette.
2. Passez successivement les filets de cabillaud dans l'œuf puis dans le mélange aux amandes, en pressant légèrement afin que la poudre d'amandes aux herbes et épices colle à la chair du poisson.
3. Faites cuire les filets 4 minutes de chaque côté dans une poêle chaude avec un peu d'huile.
4. Réservez le poisson sur une assiette, couvrez de papier d'aluminium.
5. Versez la crème liquide dans la même poêle, faites réduire 2 minutes. Ajoutez le jus de citron.
6. Servez le poisson accompagné de cette sauce au citron sans plus attendre.

Avocat aux crevettes

1 pers.

10 min

Sans cuisson

Rapide

Facile

Sans gluten

Sans lactose

Fodmaps

Paléo

Cru

Cette recette rapide est une manière agréable de savourer votre quota journalier de vitamine E grace à l'avocat qui en est une grande source. Bien qu'officiellement un fruit, l'avocat contient 20 fois plus de graisse que n'importe quel autre fruit, entre 70 et 90 % de son poids. Ses graisses sont ce que nous appelons des « bonnes graisses » et aident à maintenir une excellente santé cardio-vasculaire.

Ingrédients

1 petit avocat coupé en deux et dénoyauté
100 g de crevettes cuites et épluchées
1/3 de c. à soupe de jus de citron
1 c. à soupe de soyonnaise (mayonnaise au soja)
1 petite tomate coupée en dés
Sel et poivre
Persil (pour la décoration)

Préparation

1. Mélangez dans un bol les crevettes, la soyonnaise, le jus de citron, les dés de tomate, le sel et le poivre.
2. Remplissez chacune des parties de l'avocat de ce mélange.
3. Décorez de persil juste avant de servir.

Perche à la vanille en papillote

1 pers.

20 min

15 min

Rapide

Facile

Sans gluten

Sans lactose

Fodmaps

Paléo

Je suis une grande fan de la vanille qui apporte une petite touche de douceur étonnante à un plat salé.

Ingrédients

1 filet de perche ou autre poisson blanc
Safran
6 gouttes d'extrait de vanille
Sel, poivre

Préparation

1. Préchauffez le four à 180 °C (th. 6).
2. Découpez une feuille de papier sulfurisé et déposez-y le filet de perche. Salez, poivrez.
3. Arrosez-le légèrement d'extrait de vanille à l'aide d'une petite cuillère à café. Posez quelques filaments de safran et fermez la papillote.
4. Enfournez durant 15 minutes.
5. Servez chaud avec des légumes vapeur de votre choix ou du riz complet.

2 pers.

20 min

25 min

Rapide

Facile

Sans gluten

Sans lactose

Paléo

Crevettes grillées au lait de coco

Bonne nouvelle pour celles et ceux qui doivent suivre un régime pauvre en cholestérol: les crevettes, roses ou grises, contiennent beaucoup de stérols, des lipides qui vont inhiber l'absorption d'une partie du cholestérol du repas. Une de mes recettes préférées que je fais au moins une fois par mois.

Ingrédients

500 g de crevettes fraîches crues (si possible sauvages ou bio)
2 pommes granny-smith pelées et coupées en petits cubes
Thym
Le jus de 2 citrons verts
1 petite boîte de lait de coco allégé (ou, mieux, du lait de noix de coco frais, que l'on trouve de plus en plus facilement dans les boutiques bio, à ne pas confondre avec de l'eau de noix de coco)
Curry
Huile de colza (en vaporisateur)
Beurre
Sel

Préparation

1. Préchauffez la poêle à feu moyen et faites revenir les petits cubes de pomme dans une noisette de beurre. Remuez à feu doux jusqu'à ce que les cubes deviennent tendres (mais pas en compote).
2. Préchauffez une autre poêle vaporisée d'un peu d'huile de colza. Faites-y revenir les crevettes jusqu'à ce qu'elles soient bien cuites.
3. Ajoutez les cubes de pomme cuits, le jus de citron vert, le lait de coco, le thym émietté et du sel.
4. Retirez du feu et ajoutez un peu de curry en poudre. Servez tout de suite, car ce plat n'est pas très bon réchauffé.

Astuce

Se marie très bien avec une timbale de riz thaï complet.

Pak choï aux crevettes

4 pers.

20 min

Sans cuisson

Rapide

Facile

Sans gluten

Sans lactose

Paléo

Cru

Le pak-choï, aussi appelé « bok choi », est un chou venant de Chine et implanté aux États-Unis lorsque les Chinois s'y sont installés, à l'époque de la ruée vers l'or. On le trouve maintenant en France. Il peut être remplacé par le chou classique.

Ingrédients

2 choux pak choï
250 g de petites crevettes grillées
1 c. à soupe de graines de sésame
1 pomme golden ou granny-smith bio non pelée coupée en petits dés
Sel, poivre
Le jus de ½ citron
1 vinaigrette à base de soyonnaise

Préparation

1. Rincez les choux pak choï et séchez-les.
2. Détaillez-les en lamelles et mettez-les dans un saladier.
3. Ajoutez les crevettes, les graines de sésame et la pomme arrosée de jus de citron.
4. Assaisonnez de vinaigrette à la soyonnaise et mélangez bien.
5. Servez cette salade parsemée de coriandre ou de ciboulette ciselée.

Tourteau à la citronnelle

4 pers.

10 min

40 min

Sans gluten

Sans lactose

Fodmaps

Paléo

Le tourteau est une variété de crabe. Comme tous les crabes, il est très riche en vitamine B12, sélénium, zinc et cuivre.

Ingrédients

4 tourteaux
1 boîte de 400 ml de lait de coco allégé
2 c. à soupe de gingembre frais râpé fin
1 petite boîte de pousses de bambou égouttées
1 c. à café de citronnelle râpée
4 c. à soupe d'huile d'olive
6 gousses d'ail hachées
Sel, poivre

Préparation

1. Ébouillantez les tourteaux pendant 1 minute environ, puis décortiquez-les (pattes, pinces, corps).
2. Faites revenir les morceaux dans l'huile d'olive pendant 20 minutes.
3. Ajoutez l'ail, le gingembre, les pousses de bambou, le sel et le poivre. Mélangez bien. Prolongez la cuisson pendant 10 minutes à feu très doux.
4. Ajoutez la citronnelle et la boîte de lait de coco. Mélangez le tout puis laissez réduire 10 minutes environ.
5. Rectifiez l'assaisonnement et servez accompagné de riz basmati ou complet.

Thon grillé à la marinade méditerranéenne

4 pers.

2 h de marinade + 10 min

10 min

Facile

Sans gluten

Sans lactose

Fodmaps

Paléo

Une recette de grillade très saine sans impact sur votre ligne. Attention : le thon contenant de plus en plus de mercure, il est déconseillé d'en consommer plus de deux fois par mois.

Ingrédients

4 tranches de thon
1 citron
4 c. à soupe d'huile d'olive
1 c. à café de gingembre frais râpé
1 gousse d'ail
1 c. à café de cumin
Coriandre fraîche ciselée
Sel, poivre

Préparation

1. Deux heures avant le repas, mettez les tranches de thon à mariner dans l'huile d'olive, le jus de citron, l'ail haché, le gingembre, le sel, le poivre, le cumin et la coriandre.
2. Faites cuire le thon bien mariné sur le gril ou à la plancha, jusqu'à ce que l'extérieur soit grillé et l'intérieur cuit mais encore très légèrement rosé.

Filet de cabillaud sur lit de tomates

4 pers.

20 min

25 min

Rapide

Facile

Sans gluten

Sans lactose

Paléo

Le saviez-vous ? Le cabillaud est le nom de la morue quand elle est fraîche. Autrefois méprisé, car considéré comme le poisson des pauvres, ce poisson est aujourd'hui un aliment de choix, grâce à sa chair fine dépourvue de petites arêtes. On le retrouve sur la carte des plus grands restaurants à travers le monde. Il a donc retrouvé ses lettres de noblesse.

Ingrédients

4 filets de cabillaud frais ou surgelés
2 tomates
4 tomates confites
2 gousses d'ail pelées
Quelques brins de persil
2 c. à soupe d'huile d'olive
Sel, poivre

Préparation

1. Rincez et coupez les tomates fraîches en petits dés.
2. Faites chauffer l'huile d'olive dans une sauteuse et faites-y revenir les gousses d'ail pressées. Ajoutez les dés de tomate.
3. Laissez cuire quelques minutes, puis ajoutez les tomates confites détaillées en petits morceaux. Mélangez et poursuivez la cuisson jusqu'à obtenir une purée. Parsemez de persil haché, salez et poivrez.
4. Faites cuire les filets de cabillaud sur ce lit de purée de tomate. Retournez-les au bout de 3 minutes et laissez-les cuire encore 3 minutes.
5. Présentez-les à l'assiette, et garnissez de purée de tomates. Servez bien chaud.

Rillettes de thon, citron et câpres

4 pers.

20 min
+ 2 h de réfrigération

Sans cuisson

Facile

Sans gluten

Cru

Dégustez ces rillettes avec un peu de pain pita complet ou en dip avec des chips de maïs.

Ingrédients

350 g de thon au naturel égoutté
2 petits-suisses
2 c. à soupe de crème fraîche à 15 %
1 c. à café de moutarde à l'ancienne
Le jus de ½ citron
2 c. à café de câpres
Sel, poivre

Préparation

1. Émiettez le thon à la fourchette dans un saladier. Ajoutez les petits-suisses et mélangez.
2. Ajoutez la moutarde, la crème fraîche, le jus de citron, et mélangez soigneusement.
3. Ajoutez les câpres, le sel et le poivre, et mélangez de nouveau.
4. Réservez au frais 1 à 2 heures.

Gambas à l'ail

1 pers.

15 min

15 min

Rapide

Facile

Sans gluten

Sans lactose

Paléo

« Gambas » est un mot d'origine espagnole qui désigne de grosses crevettes, soit encore plus d'oméga-3 et de vitamines B3 et B12 !

Ingrédients

4 gambas fraîches ou surgelées
1 gousse d'ail hachée
1 petit piment rouge doux
1 oignon frais de printemps avec les feuilles vertes
¼ d'oignon émincé
1 c. à soupe d'huile d'olive
Sel, poivre

Préparation

1. Faites revenir l'oignon dans une poêle avec l'huile d'olive. Ajoutez le piment finement tranché.
2. Retirez la tête des gambas puis coupez-les en deux dans le sens de la longueur.
3. Ajoutez-les aux oignons et faites-les revenir 2 à 3 minutes de chaque côté. Salez, poivrez.
4. Juste avant la fin de la cuisson, ajoutez l'oignon de printemps coupé en petits morceaux et l'ail haché, et servez aussitôt.

Astuce

Une cuisson prolongée durcit la chair des gambas.

Brochettes d'espadon au citron

4 pers.

20 min

10 min

Rapide

Facile

Sans gluten

Sans lactose

Paléo

Ce poisson des mers tropicales est impressionnant par sa carrure et la vitesse à laquelle il se déplace dans l'eau. Sa chair est délicate, et son goût rappelle un peu celui du thon. Mais, comme le thon, l'espadon contient du mercure, mieux vaut donc ne le faire figurer au menu que deux fois par mois au maximum.

Ingrédients

300 g d'espadon
1 citron
1 poivron rouge
Huile d'olive
Sauge fraîche ou déshydratée émincée
Sel, poivre

Préparation

1. Coupez l'espadon en 20 cubes.
2. Lavez le citron et coupez-le en 5 rondelles, puis recoupez ces rondelles en quatre.
3. Coupez le poivron en une vingtaine de petits cubes.
4. Réalisez 4 brochettes en alternant poivron, poisson et citron. Salez, poivrez, saupoudrez de sauge et arrosez d'un filet d'huile d'olive.
5. Faites cuire les brochettes environ 10 minutes sur le gril de votre four ou au barbecue, en les retournant au bout de 5 minutes.

Coquilles Saint-Jacques sautées à l'ail

4 pers.

15 min + 1h de repos

10 min

Facile

Sans gluten

Sans lactose

Paléo

Un plat simple mais gourmand qui constitue un bel apport en protéines animales. Pour un repas de fête, vous pouvez déglacer la poêle avec un peu de champagne.

Ingrédients

600 g de grosses noix de Saint-Jacques
4 c. à soupe d'huile d'olive
3 gousses d'ail
Thym
Ciboulette
Persil
Sel, poivre

Préparation

1. Épluchez l'ail et hachez-le avec les fines herbes.
2. Dans un saladier, mélangez les noix de Saint-Jacques avec l'huile d'olive, l'ail, les fines herbes hachées, le sel et le poivre. Couvrez et laissez macérer une bonne heure au réfrigérateur.
3. Saisissez les coquilles (les 2 faces) dans une poêle bien chaude. Lorsqu'elles sont bien dorées, faites-les cuire encore 3 à 4 minutes à feu doux. L'intérieur des noix doit rester légèrement translucide. Bon appétit !

Fondue d'aubergines au cumin

4 pers.

15 min

40 min

Végétalien

Facile

Sans gluten

Sans lactose

Paléo

L'aubergine est un légume savoureux, peu calorique, riche en fibres et en antioxydants, c'est un allié de choix pour les gourmandes au régime.

Ingrédients

3 aubergines moyennes détaillées en gros cubes
1 oignon rouge pelé et émincé
2 gousses d'ail pelées et hachées
Huile d'olive
Margarine non hydrogénée
½ c. à café de cumin
Coriandre ciselée
Sel, poivre

Préparation

1. Faites chauffer un peu d'huile et de margarine dans une casserole. Ajoutez l'oignon. Faites-le caraméliser durant 10 minutes, en remuant souvent. Ajoutez un peu d'eau si l'oignon attache. Lorsqu'il est cuit, réservez-le.
2. Remettez un peu d'huile dans la même casserole et faites-y revenir les morceaux d'aubergine. Ajoutez un peu d'eau. Ajoutez l'ail, salez, poivrez, puis saupoudrez de cumin.
3. Couvrez puis laissez cuire 10 à 15 minutes, en remuant de temps en temps.
4. 5 minutes avant la fin de la cuisson, ajoutez l'oignon caramélisé. Laissez mijoter quelques minutes encore, puis servez ces aubergines éventuellement parsemées de coriandre.

4 pers.

20 min

15 min

Végétalien

Rapide

Facile

Sans gluten

Sans lactose

Salade de sarrasin au fenouil

Une entrée croquante à souhait. Faites le plein d'antioxydants, et notamment de polyacétylènes du fenouil, qui posséderaient des vertus anticancer.

Ingrédients

200 g de sarrasin
500 ml de bouillon de légumes
1 petit bulbe de fenouil (avec son petit toupet vert) émincé en fine julienne
1 oignon nouveau (avec le vert) émincé
6 tranches de tomates séchées réhydratées, confites dans l'huile d'olive (ou des dés de tomates fraîches)
Le jus de 3 citrons verts
Huile essentielle de pépin d'orange (facultatif)
3 c. à soupe d'huile d'olive
Sel, poivre

Préparation

1. Faites rôtir les graines de sarrasin avec un peu d'huile d'olive dans une casserole à fond épais.
2. À coloration, couvrez-les de bouillon et faites-les cuire 10 minutes puis égouttez-les, en les rafraîchissant sous le robinet d'eau froide.
3. Versez le sarrasin rôti dans un saladier. Ajoutez les tomates confites coupées en petits dés, l'oignon et la julienne de fenouil.
4. Arrosez avec le jus de citron, de l'huile d'olive et, éventuellement, 4 à 6 gouttes d'huile essentielle d'orange. Salez et poivrez.
5. Mélangez bien et réservez au frais jusqu'au moment de servir.

Rolls de carotte

2 pers.

30 min

20 min

Végétalien

Rapide

Facile

Sans gluten

Sans lactose

Fodmaps

Une recette étonnante et très belle grâce à laquelle vous allez épater votre entourage. Un plat sain, complet, facile à préparer et qui fait sensation.

Ingrédients

400 g de carottes de gros calibre
1 litre de bouillon de légumes ou de poule
50 g de riz rond à risotto
1 c. à café de vinaigre de riz
1 c. à café de petits pois cuits
Curry ou cumin selon votre goût
2 c. à café de soyonnaise
Sel, poivre
Graines de sésame noir pour décorer

Préparation

1. Faites cuire le riz dans le bouillon selon les instructions notées sur le paquet.
2. En fin de cuisson, quand toute l'eau a disparu, ajoutez l'épice et mélangez. Laissez refroidir le riz épicé. Ajoutez le vinaigre de riz et mélangez. Ajoutez les petits pois et mélangez. Ajoutez la soyonnaise et mélangez sans écraser les petits pois.
3. Coupez les carottes pelées en tronçons de 4 cm environ. Faites un trou au centre avec un vide-pomme, l'idée étant d'obtenir un petit récipient de carotte qui ressemblera à la couche d'algue vert foncé qui entoure les maki sushi.
4. Passez les carottes à la vapeur pendant 5 minutes, afin qu'elles restent croquantes mais soient plus faciles à mâcher que crues.
5. Garnissez l'intérieur de riz épicé. Servez ces rolls de carotte debout, comme des makis, avec quelques graines de sesame noir pour donner un petit contraste de couleur.

4 pers.

1 h

1 h

Végétalien

Facile

Sans gluten

Sans lactose

Paléo

Chou braisé

Avec le chou, les champignons shiitake sont délicieux et encore plus savoureux que les champignons blancs de Paris. En japonais, shii signifie « chêne » et take, « champignon ». Tout un programme ! Dans cette recette, le chou fournit des fibres, excellentes pour la santé, et le tofu apporte des protéines faciles à absorber et pauvres en graisses saturées.

Ingrédients

1 chou

5 champignons shiitake coupés en quatre (ou des crimini, ou des champignons de Paris)

250 g de tofu arôme dinde

1 gousse d'ail

4 c. à soupe de sauce soja allégée en sodium

Margarine non hydrogénée

Préparation

1. Hachez finement le chou.
2. Faites-le revenir dans la margarine pendant environ 20 minutes, à feu moyen et en remuant constamment. Ajoutez les champignons et laissez-les cuire à feu doux.
3. Faites revenir le tofu de dinde et l'ail dans une poêle. Puis ajoutez 2 cuillères à soupe de sauce soja, mélangez et versez sans attendre le contenu de la poêle dans le faitout du chou qui mijote. Mélangez et baissez le feu au minimum.
4. Ajoutez encore 2 cuillères à soupe de sauce soja. Mélangez et laissez mijoter encore 20 minutes.
5. N'ajoutez surtout pas de sel, la sauce soja en contenant suffisamment. Dégustez bien chaud.

Astuce

Si vous ne trouvez pas de tofu arôme dinde, vous pouvez en utiliser un autre de votre choix, fumé par exemple.

Creamie détoxifiant

4 pers.

40 min

25 min

Végétalien

Facile

Sans gluten

Sans lactose

Paléo

J'aime bien le nom de creamie, cela fait plus gourmand que soupe même si au final, le plat y ressemble ! Les racines de manioc ne sont pas toujours faciles à trouver, mais heureusement qu'il y a Internet ! Vous pouvez remplacer les fanes de radis par des épinards ou du kale.

Ingrédients

Les fanes (feuilles) de 2 bottes de radis
1 oignon
2 petites racines de manioc
1 litre de bouillon dégraissé
4 c. à soupe de crème de soja
4 c. à soupe d'huile d'olive
Sel, poivre

Préparation

1. Enlevez les feuilles des radis, lavez-les soigneusement.
2. Essorez-les et faites-les revenir à feu doux avec l'oignon haché dans l'huile d'olive.
3. Après 3 minutes, ajoutez le manioc coupé en cubes. Mélangez 1 minute, puis mouillez avec le bouillon dégraissé. Portez à ébullition et laissez mijoter 20 minutes à feu doux.
4. Mixez la préparation jusqu'à l'obtention d'une substance lisse, sans morceaux.
5. Ajoutez la crème de soja et quelques rondelles de radis en déco dans chaque bol.

Green taboulé au quinoa

4 pers.

30 min

20 min

Végétalien

Facile

Sans gluten

Sans lactose

Ma variante du taboulé de mon enfance mais sans gluten et plus riche en herbes et en oignons, apportant ainsi plus de fibres, de vitamines et de calcium.

Ingrédients

200 g de quinoa rouge
1 bouquet de menthe
1 bouquet de coriandre
3 tomates
2 oignons frais avec la tige
1 concombre
Le jus de 1 citron
1 c. à soupe d'huile d'olive
Sel, selon votre goût

Préparation

1. Faites cuire le quinoa en suivant les instructions de cuisson du paquet.
2. Lavez et épluchez les tomates, les oignons et le concombre, puis détaillez-les en petits dés.
3. À l'aide d'un hachoir à herbes ou d'un robot mixeur, mixez les aromates.
4. Une fois le quinoa cuit et refroidi, ajoutez-lui tous les autres ingrédients.
5. Mélangez bien et servez arrosé d'huile de colza et de citron pressé.

4 pers.

30 min

30 min

Végétalien

Rapide

Facile

Sans gluten

Sans lactose

Fodmaps

Paléo

Poêlée aillée de rutabagas et carottes

Légume oublié car trop longtemps associé à la disette et aux années d'après-guerre, le rutabaga est adoré par nos amis anglais qui l'appellent swede *(« suédois » !).*

Si vous trouvez que le rutabaga ressemble à un navet, vous n'avez pas vraiment tort puisque le consensus actuel est que le rutabaga est le fruit d'un croisement entre chou sauvage et navet. Comme tous les crucifères, famille dont il fait partie, le rutabaga est une source de bienfaits : fibres en abondance, vitamine C et divers composés antioxydants. À decouvrir ou redécouvrir donc !

Ingrédients

4 rutabagas
5 carottes
Thym frais
Huile d'olive
3 gousses d'ail écrasées

Préparation

1. Lavez les légumes puis épluchez-les.
2. Détaillez-les en dés et faites-les revenir dans une sauteuse préalablement huilée à feu moyen pendant environ 20 minutes Ajoutez un fond d'eau pour que les légumes n'accrochent pas.
3. 5 à 10 minutes avant la fin de la cuisson, parsemez de thym et de gousses d'ail écrasées.

4 pers.

10 min

30 min

Végétalien
Facile
Sans gluten
Sans lactose
Paléo

Crème de chou-fleur à l'orange

Une association étonnante mais qui devrait titiller vos papilles ! Le chou-fleur et l'orange étant tous deux de belles sources de vitamine C, vous êtes sûre de faire le plein d'antioxydants avec ce plat !

Ingrédients

1 chou-fleur
1 bouillon cube
100 ml de crème allégée ou de soja
1 peu de muscade
1 peu de zeste d'orange bio
Sel, poivre

Préparation

1. Sectionnez le chou-fleur en petits bouquets. Rincez-les et faites-les cuire durant 20 minutes dans 1 litre d'eau bouillante additionnée du bouillon cube et du zeste d'orange.
2. Égouttez le chou-fleur. Passez-le au mixeur en ajoutant quelques cuillères de bouillon.
3. Ajoutez la crème. Salez et poivrez. Mixez à nouveau jusqu'à obtention d'une consistance assez épaisse mais très fluide.
4. Remettez à chauffer à feu doux et servez très chaud dans des assiettes creuses.

Salade vitaminée au quinoa

3 pers.

20 min

10 min

Végétalien

Rapide

Facile

Sans gluten

Sans lactose

Fodmaps

On pense souvent au quinoa pour les plats salés, mais sa consistance en fait un ami de nos petits plats sucrés. L'alliance du quinoa et des fruits frais est étonnante. Troquez votre recette classique de salade de fruits contre celle-ci, vous ne serez pas déçue ! La cannelle est de plus en plus étudiée pour son effet anti-cholestérol, donc on titille nos papilles tout en se faisant du bien.

Ingrédients

3 oranges
2 kiwis
8 fraises
40 g de quinoa
3 pincées de cannelle
1 c. à soupe de nectar d'agave
5 gouttes d'extrait de vanille

Préparation

1. Faites cuire le quinoa à la vapeur, puis laissez-le refroidir
2. Pelez 2 oranges et les 2 kiwis. Coupez les kiwis en rondelles et les oranges en quartiers. Émincez les fraises et mélangez tous les fruits.
3. Pressez le jus de la dernière orange. Mélangez le jus d'orange, le nectar d'agave et l'extrait de vanille.
4. Servez la salade de fruits avec le quinoa dans des coupes, arrosez de jus d'orange puis saupoudrez de cannelle. Servez frais.

Granité de papaye

2 pers.

15 min

Sans cuisson

Végétalien
Rapide
Facile
Sans gluten
Sans lactose
Fodmaps
Paléo
Cru

La papaye est parfois appelée le « nouvel élixir de jouvence ». En effet, sa teneur importante en provitamine A et en vitamines C et E en fait une source considérable d'antioxydants. Elle serait capable de prévenir l'apparition de maladies comme certains cancers ou des maladies cardio-vasculaires. Elle aurait aussi des effets très bénéfiques sur le système immunitaire.

Je conserve les graines de papaye séchées que je mets dans un moulin à poivre et pour les ajouter à mes salades, car des études récentes ont démontré qu'elles sont encore plus riches en antioxydants que la chair de ce fruit.

Ingrédients

1 papaye
5 glaçons
1 c. à soupe de nectar d'agave
5 gouttes d'extrait de vanille
Quelques feuilles de menthe (pour décorer)

Préparation

1. Coupez la papaye en deux. Enlevez les graines et les fils, puis raclez la chair et mettez-la dans le bol du mixeur.
2. Ajoutez les glaçons, l'extrait de vanille et le nectar d'agave.
3. Mixez jusqu'à obtenir un granité pas trop liquide.
4. Versez dans des coupelles et décorez de feuilles de menthe. Savourez sans plus tarder.

Crème de chia à la fraise

6 pers.

10 min + 3 h de repos et réfrigération

Sans cuisson

Végétalien

Facile

Sans gluten

Sans lactose

Fodmaps

Paléo

Cru

Cela fait dix ans que je cuisine avec des graines de chia et je suis ravie de constater que ces petites graines sont de plus en plus à la mode. J'ai voulu réaliser un dessert gourmand à la fraise qui serait en plus riche en fibres et en protéines. Après plusieurs essais infructueux, je suis ravie de partager cette recette avec vous.

Ingrédients

120 g de noix de cajou non grillées, non salées trempées dans l'eau (2 heures minimum)
2 tasses de lait d'amande
120 g de fraises vraiment mûres
2 c. à café d'extrait de vanille
4 c. à soupe de nectar d'agave
½ gousse de vanille
1 pincée de paprika
1 c. à soupe de graines de chanvre décortiquées
2 c. à soupe de graines de chia

En option, pour le coulis
250 g de fraises
3 c. à soupe de nectar d'agave
Le jus de 1 citron vert

Préparation

1. Dans un blender, mélangez les noix de cajou avec le lait d'amande. Ajoutez le reste des ingrédients, sauf les graines de chia. Mixez.
2. Versez la préparation dans un grand bol et ajoutez les graines de chia en mélangeant soigneusement avec une fourchette pour éviter la formation d'amas de graines.
3. Versez dans des ramequins individuels et laissez reposer pendant 1 heure à température ambiante. Puis réservez au réfrigérateur au moins 2 heures.
4. Nettoyez le blender et versez-y les ingrédients pour le coulis. Mixez. Filtrez le mélange pour obtenir une texture lisse. Gardez au réfrigérateur et versez sur la crème juste avant de servir.

Fraises, carambole et melon en salade

4 pers.

20 min

Sans cuisson

Végétalien

Rapide

Facile

Sans gluten

Sans lactose

Fodmaps

Paléo

Cru

La carambole est un fruit peu sucré et acidulé. En consommer réduirait le taux de sucre dans le sang. Elle est connue pour ses propriétés diurétiques et constitue une excellente source de vitamines A et C, ainsi que de potassium.

Ingrédients

1 carambole
500 g de fraises
½ melon de Cavaillon détaillé en billes
1 c. à soupe de nectar d'agave
Le jus de ½ citron

Préparation

1. Lavez, équeutez et coupez les fraises puis mettez-les dans un saladier. Ajoutez les billes de melon.
2. Pelez la carambole en retirant la fine peau qui la recouvre. Tranchez-la et retirez les pépins au centre de chaque tranche. Arrosez immédiatement de jus de citron, car la carambole s'oxyde très rapidement. Mettez-la dans le saladier.
3. Versez le sirop d'agave sur les fruits puis mélangez délicatement.
4. Réservez cette salade de fruits au frais avant de la déguster.

Salade d'ananas vanillé, citron vert et sirop de miel ambré

4 pers.

20 min + 3 h de réfrigération

15 min

Végétarien

Rapide

Facile

Sans gluten

Sans lactose

Paléo

Une salade turbo-chargée en vitamine C avec l'ananas et le citron vert qui en sont très riches. Un petit gout exotique qui vient des îles !

Ingrédients

1 ananas
2 citrons verts lavés
1 gousse de vanille
3 c. à soupe de miel de châtaignier
4 feuilles de menthe fraîche

Préparation

1. Épluchez l'ananas et coupez-le en deux dans le sens de la longueur. Ôtez le cœur fibreux.
2. Coupez des tranches épaisses d'ananas au-dessus d'un saladier pour récupérer le jus, puis détaillez-les en cubes.
3. Prélevez le zeste d'un des citrons avec un économe et taillez-le en longs filaments. Râpez finement le zeste de l'autre citron au-dessus des cubes d'ananas, mélangez bien.
4. Mettez le miel, 20 cl d'eau et la gousse de vanille fendue en deux dans une casserole. Amenez à ébullition et faites cuire 10 minutes à feu doux. Laissez refroidir.
5. Pressez les citrons et ajoutez le jus dans le sirop. Versez-le sur les cubes d'ananas et mélangez bien. Réservez 3 heures au réfrigérateur.
6. Servez décoré de la menthe fraîche ciselée et des longs filaments de zeste de citron.

Soupe de melon aux fraises

4 pers.

20 min

Sans cuisson

Végétalien
Rapide
Facile
Sans gluten
Sans lactose
Fodmaps
Paléo
Cru

Cette soupe sucrée fera l'unanimité. Sortez-la du réfrigérateur quelques minutes avant de la servir, la saveur du melon étant atténuée lorsque la soupe est trop froide.
Si vous la servez dans des jarres Mason petit format, cela constituera un dessert rafraîchissant très élégant.

Ingrédients

2 petits melons
1 dizaine de fraises équeutées et coupées en morceaux
1 c. à café d'extrait de vanille
1 c. à soupe de nectar d'agave
Des feuilles de menthe (pour la décoration)

Préparation

1. Pelez les melons, retirez les pépins et prélevez quelques boules de chair pour décorer à l'aide d'une cuillère parisienne.
2. Passez le reste au mixeur. Ajoutez l'extrait de vanille et le nectar d'agave.
3. Versez cette soupe de melon dans un saladier. Ajoutez les boules de melon ainsi que les morceaux de fraises. Réservez au frais.
4. Décorez de feuilles de menthe au moment de servir.

Panna cotta végétale aux myrtilles

4 pers.

15 min
+ 3 h de réfrigération

2 min

Végétalien

Facile

Sans gluten

Sans lactose

Fodmaps

Paléo

La panna cotta est en général un dessert plus lourd qu'il n'y paraît puisque de la crème entière en est l'ingrédient principal. Grâce à l'utilisation de lait d'amande et d'agar-agar, cette recette réduit l'apport calorique par un facteur 3.

Ingrédients

500 ml de lait d'amande
2 g d'agar-agar
2 gouttes d'extrait de vanille
1 barquette de myrtilles fraîches
1 c. à soupe de nectar d'agave (ou plus selon votre goût et selon la teneur en sucre de vos myrtilles)
Feuilles de menthe (pour la décoration)

Préparation

1. Dans une casserole, mixez le lait d'amande avec les myrtilles (réservez-en quelques-unes pour la décoration) et l'extrait de vanille.
2. Ajoutez l'agar-agar, mélangez bien et portez à ébullition pendant 2 minutes. Ajoutez le nectar d'agave et mélangez.
3. Versez dans 4 ramequins et laissez refroidir au moins 2 à 3 heures au réfrigérateur.
4. Servez décoré de myrtilles et de feuilles de menthe.

Menus

Végétarien

Amandes teriyaki
Egg less salad sur pain toasté
Crème de chou-fleur à l'orange
Crème de chia à la fraise

Party express

Chips de kale
Salsa fraîche, guacamole et chips de maïs
Bouchées de saumon aux graines de sésame
Rolls de carotte
Pana cotta végétale aux myrtilles

Express

Salade d'endives à la parisienne
Rillettes de sardines aux baies roses
Crevettes grillées au lait de coco

Romantique

Tapenade d'olives vertes avec petits toasts grillés
Brochettes d'espadon au citron servies avec une fondue d'aubergines au cumin
Salade d'ananas vanillé, citron vert au sirop de miel ambré

Hiver

Soupe de céleri-rave aux noix grillées
Tourteau à la citronnelle
Poêlée aillée de rutabagas et carottes
3 clémentines

Printemps

Creamie détoxifiant
Perche à la vanille en papillote
Soupe de melon aux fraises

Été

Salade romaine sauce mangue citron vert
Dos de cabillaud en croûte d'herbes
Fraises, carambole et melon en salade

Automne

Soupe de courge jaune aux cerneaux de noix
Filet de cabillaud sur un lit de tomates
10 litchis

Table des recettes par phase

PHASE DÉTOX

Petit déjeuner

Apéritif

Entrées

Poissons

Viandes

Plats végétariens

Desserts

PHASE ATTAQUE

Petit déjeuner

Apéritif

Entrées

Poissons

Viandes

Plats végétariens

Desserts

PHASE ÉQUILIBRE

Petit déjeuner

Apéritif

Entrées

Apéritif

Entrées

Poissons

Plats végétariens

Desserts

Table des recettes par thème

VÉGÉTALIEN

PHASE DÉTOX

PHASE ATTAQUE

PHASE ÉQUILIBRE

PHASE BOOSTER

VÉGÉTARIEN

PHASE DÉTOX

PHASE ATTAQUE

PHASE ÉQUILIBRE

PHASE BOOSTER

RAPIDE

PHASE DÉTOX

PHASE ATTAQUE

PHASE ÉQUILIBRE

PHASE BOOSTER

FACILE

PHASE DÉTOX

PHASE ATTAQUE

PHASE ÉQUILIBRE

PHASE BOOSTER

SANS GLUTEN

PHASE DÉTOX

PHASE ATTAQUE

PHASE ÉQUILIBRE

PHASE BOOSTER

SANS LACTOSE

PHASE DÉTOX

PHASE ATTAQUE

PHASE ÉQUILIBRE

PHASE BOOSTER

FODMAPS

PHASE DÉTOX

PHASE ATTAQUE

PHASE ÉQUILIBRE

PHASE BOOSTER

PALÉO

PHASE DÉTOX

PHASE ATTAQUE

PHASE ÉQUILIBRE

PHASE BOOSTER

CRU

PHASE DÉTOX

PHASE ATTAQUE

PHASE ÉQUILIBRE

PHASE BOOSTER

Index par ingrédients

Remerciements

À Karen. Forever.

Merci !

J'adore cette page dédiée aux remerciements ! Elle me permet de remercier les personnes qui ont compté pour la réalisation de cet ouvrage !

Un grand merci à Hachette et à Marabout pour me suivre dans cette aventure et continuer à me soutenir dans ma mission : aider plus de femmes à mieux manger, perdre du poids sans se priver et découvrir de nouvelles saveurs.

Agnès Vidalie, mon éditrice de charme. Très efficace. Toujours l'œil pour voir ce qu'il faut changer et surtout pleine de créativité. Merci !

Un grand merci à mon agent, Laura Zuili, qui croit en moi et me permet de toucher plus de vies.

Merci à mon équipe LeBootCamp pour avoir tenu la barque quand je disparaissais des jours entiers pour finaliser cet ouvrage.

Merci aussi aux journalistes santé, nutrition, bien-être et cooking de toujours me pousser à créer de nouvelles recettes avec des nouveaux produits ou de nouvelles techniques. Grâce à vous, on ne s'endort jamais sur ses lauriers !

Aux boot.campeuses qui sont avec moi jour et nuit, qui me demandent comment alléger telle ou telle recette, qui me demandent si oui, on peut manger de tout quand on fait attention à sa ligne et qui aiment partager leurs photos de recettes avec moi. Merci !

Merci à mes deux sœurs de cœur, Karen et Selina, de faire partie de ma vie depuis si longtemps… On ne compte plus les années. Vous êtes mes rocs. Je vous aime… Et j'adore vous faire tester mes recettes.

Un énorme merci gourmand à mes parents pour m'avoir donné l'amour de la bonne chère. Les petits plats de mon enfance et d'aujourd'hui, ont créé cette étincelle en moi qui me donne envie de créer des recettes constamment.

Un grand merci à mon super photographe, Aaron, pour une très belle photo de couverture qui illustre totalement comment je me sens parfois dans la cuisine : « Hmm, que vais-je donc cuisiner ce soir ? »

Enfin, un super merci à mon homme, Alex, et à mon fils, Baptiste, mes premiers goûteurs. Ce sont eux les vrais cobayes, qui testent du premier essai parfois bien raté au dernier essai réussi et qui râlent quand je refuse de refaire ce qui a marché car je passe à autre chose.

Bon appétit !

Vous voilà équipée de nombreuses recettes DÉTOX, ATTAQUE, BOOSTER et ÉQUILIBRE. Vous avez pu le constater, il est facile de manger sain tout en se titillant les papilles !

J'aime voir comment vous réalisez mes recettes à votre façon.
Alors n'hésitez surtout pas à :
- les prendre en photo et les poster sur Instagram et sur Twitter en me taggant (@valerieorsoni) et en utilisant les hashtags : #LeBootCamp et #LaBonneCuisine ;
- me suivre sur Instagram et sur Twitter @valerieorsoni.

Régulièrement, nous choisissons les plus belles photos et envoyons aux super chefs un beau tablier de cuisiner I ♥ LeBootCamp

Si vous avez des suggestions, des critiques ou autres informations que vous aimeriez partager avec moi, vous pouvez le faire via cette adresse : cuisiner@lebootcamp.com.

Bonne cuisine !

Achevé d'imprimer chez Graficas Estella en février 2016
pour le compte des Éditions Marabout (Hachette Livre),
58, rue Jean Bleuzen, 92170 Vanves
Mise en pages : Frédéric Voisin
Dépôt légal : mars 2016
ISBN : 978-2-501-11163-8
37.6403.3/01

PAPIER À BASE DE FIBRES CERTIFIÉES

MARABOUT
s'engage pour l'environnement en réduisant l'empreinte carbone de ses livres.
Celle de cet exemplaire est de :
1850 g éq. CO_2
Rendez-vous sur www.marabout-durable.fr